ELOG
De una ma

"Sandra Aldrich ha escrito un libro que debe ser leído por un segmento de nuestra sociedad que está en continuo crecimiento, el de las madres solas. Lo sea por casualidad o por elección, toda madre sola necesita tener un libro como éste como fuente de fortaleza, motivación y franco consejo práctico. ¡Buen trabajo, Sandra, muchas gracias!"

SARA R. DORMON Y RUTH GRAHAM
Coautoras de *I'm Pregnant… Now What?* (Estoy embarazada…¿Y ahora?)

"¡Esta obra *De una madre sola a otra* trata de la gracia de Dios! Sandra ha escrito elocuente, apasionada y persuasivamente acerca de la gracia de Dios en su propia vida. Su gran sentido del humor y sus historias que llegan al corazón brindan ánimo seguro para cada madre sola que busca un poco de esperanza."

JOHN FULLER
Locutor

"Este es el mejor libro que he leído sobre crianza de niños por un solo progenitor: da gran aliento a las madres solas que sienten que no pueden realizar apropiadamente el trabajo de criar a sus hijos sin un compañero. Sandra siempre encuentra la manera de hacer que sus hijos se sientan orgullosos de ser una familia."

JEAN LUSH
Autora del éxito de venta *Mothers and Sons* (Madres e hijos)

"No podía dejar de leer *De una madre sola a otra*. Me reía hasta perder el aliento y no podía seguir leyendo porque tenía los ojos bañados en lágrimas. Este libro no es sólo para madres solas sino para todas las madres. *De una madre sola a otra* es un gran libro de referencia para tener en nuestra biblioteca personal para esos momentos en que 'necesito ayuda' o 'necesito ánimo'."

FERN NICHOLS
Fundador y presidente de Moms In Touch Internacional

"Sandra Aldrich cubre el vasto territorio de la maternidad de las solas con buen humor, sensibilidad y con toneladas de consejos prácticos en su libro *De una madre sola a otra*. Es un recurso útil para ser usado por mucho tiempo después de su primera lectura."

LOIS MOWDAY RABEY

Autor de *Daughters without Dads* (Hijas sin padres) y de *Women of a Generous Spirit* (Mujeres con espíritu generoso)

"Como madre que crié sola dos hijos después de la muerte de mi esposo, puedo hablar del tesoro que se encuentra en la nueva versión de *De una madre sola a otra*, de Sandra. La sabiduría y la experiencia de Sandra ofrecen a las madres solas libertad de la culpa, gozo en el sufrimiento, y risa frente al temor. Nos da prácticas sugerencias y soluciones que van al meollo de la crianza de hijos por madres solas. Este libro no es un festín de lamentaciones; es una herramienta esperanzadora que infundirá a las madres solas poder para enfrentar lo que la vida les depara. Entretejidos preciosamente en historias de la vida real y lecciones prácticas, están el amor de Dios y la verdad de las Escrituras. Porque conozco a Sandra, y la he visto vivir de su fe día tras día, puedo decir que las madres solas que lean este libro también la conocerán a ella."

BOBBIE VALENTINE

Ex Productora Ejecutiva de Enfoque a la Familia
Presidenta de Bobbie Valentine Media Consulting

De una
MADRE SOLA
a otra

Sandra Picklesimer Aldrich

CASA
CREACIÓN
A STRANG COMPANY

La mayoría de los productos de Casa Creación están disponibles a un precio
con descuento en cantidades de mayoreo para promociones de ventas, ofertas
especiales, levantar fondos y atender necesidades educativas. Para más
información, escriba a Casa Creación, 600 Rinehart Road, Lake Mary, Florida
32746; o llame al teléfono (407) 333-7117 en Estados Unidos.

De una madre sola a otra por Sandra Picklesimer Aldrich
Publicado por Casa Creación
Una compañía de Strang Communications
600 Rinehart Road
Lake Mary, Florida 32746
www.casacreacion.com

A menos que se indique lo contrario, todas las citas de la Escritura están
tomadas de la *Santa Biblia,* Nueva Versión Internacional
© 1999 por la Sociedad Bíblica Internacional. Usada con permiso.

Otra versión usada es la *Santa Biblia,* Reina-Valera, Revisión 1960
© Sociedades Bíblicas Unidas, 1960. Usada con permiso.

Traducido por María Rodríguez
Editado por María del C. Fabbri Rojas
Diseño de portada por Jerry Pomales
Diseño interior por Pica 6

Library of Congress Control Number: 2007936552
ISBN: 978-1-59979-116-6

Impreso en los Estados Unidos de América
07 08 08 10 11 * 7 6 5 4 3 2 1

Dedicatoria

A mi hijo y a mi hija, Jay y Holly. Gracias, chicos, por librarme de huir a Tahití —o a Kentucky— al comienzo de mi vida como madre sola y por darme un cúmulo de razones para ver el gozo en cada nuevo día.

Su agradecida Mamá sola

Contenido

Reconocimientos

Durante aquellos días en que trataba de encontrar mi camino en mi nuevo rol como madre sola, coseché información de otras madres solas que me hablaron de sus dificultades. Así que mucho de lo que comparto aquí es de ellas. Y para mostrar mi aprecio por la confianza que me manifestaron, en estas páginas he cambiado la mayoría de sus nombres para proteger su privacidad.

Pero quiero agradecer especialmente a mi hermana Thea por compartir detalles instructivos de sus circunstancias. Sus llamadas estimulantes siempre llegaron cuando más las necesitaba.

Todos en *Gospel Light/Regal Books* se merecen uno de mis abrazos a lo Kentucky, pero varios de ellos se dieron más allá de lo esperado para estimularme con este proyecto: Hill Greig II, Kim Bangs, Deena Davis, Marlene Baer, Amber Ong, Bayard Taylor, Amy Friesen y Bill Denzel. Dios los bendiga a todos.

Carta de una madre sola a otra

¡Ay de mí, que estoy quebrantado!
¡Mi herida es incurable! Pero es mi enfermedad,
y me toca soportarla.

Jeremías 10:19 NVI

Querida amiga:

El libro que ahora sostienes en tus manos ha sido escrito por esta madre sola para ayudarte y alentarte a ti que eres otra madre sola herida. Quizás no estés familiarizada con el concepto de "madre sola" y te preguntes hacia dónde te diriges.

La primera edición (en inglés) de *De una madre sola a otra* se publicó cuando mis dos hijos, Jay y Holly, todavía vivían en nuestra casa. Hoy, ambos son graduados universitarios, están felizmente casados y tienen empleos muy bien pagados. No vendieron drogas, ni robaron autos, ni se convirtieron en asesinos.

Digo todo esto a manera de estímulo para las que sean nuevas en esto de criar hijos solas. Muy a menudo, si escuchamos los medios noticiosos, tememos por el futuro de nuestros hijos. Especialmente, si escuchamos las trágicas historias de los que fueron criados en uno de los 12 millones de hogares monoparentales que hay en los Estados Unidos.

Pero aunque los números parezcan intimidantes, recuerda que nuestros hijos no son estadísticas. Así que no escuches a tus temores y no pierdas la esperanza por causa de reportes intimidantes.

En lugar de eso escucha al Señor y utiliza la fuerza que Dios te ha impartido. Tú *puedes* hacer este camino y puedes llegar a la meta, no sólo como una sobreviviente sino como una vencedora.

DIFERENTES BOLETOS, EL MISMO BOTE

Confieso que nunca esperé escribir este libro. Después de todo, soy una mujer de Kentucky que fue criada para cuidar de su marido e hijos, para tener un jardín grande y bordar colchas. Criar sola a mis hijos no formaba en absoluto parte de mis planes.

Por tanto, he aprendido mucho más de lo que hubiera querido aprender acerca de ser una madre sola desde aquella tarde de diciembre cuando el cáncer de cerebro venció a mi marido, Don, y me lanzó a criar hijos como madre sola.

Debes saber que si recientemente te has convertido en madre sola y estas haciendo malabares con demasiadas responsabilidades, yo comprendo algo de con qué estás lidiando. Mucho del consejo espiritual y práctico que ofrezco en estas páginas lo he aprendido de la forma más dura: a través de la experiencia vivida. Pero no te preocupes, no trataré de aconsejarte cómo criar jóvenes perfectos: ¡nunca pude aprender cómo hacer *eso*! Simplemente oro para que encuentres en este libro el ánimo que viene de saber que tú y tus hijos *tienen* un futuro brillante.

Las mujeres divorciadas tienen especialmente mi simpatía. Cuando mi esposo murió, todo el mundo me rodeó —por dos semanas— susurrándome, "Oh pobrecita". Pero cuando una de mis hermanas o varias de mis amigas sufrieron atravesando el proceso del divorcio —una de ellas lo hizo para proteger a su hija del abuso sexual— fueron tratadas como leprosas. Sí, el sufrimiento de la muerte es una herida profunda, pero es un corte limpio. El sufrimiento del divorcio es un profundo desgarrón.

También quiero animar a aquellas madres que nunca se casaron y que valientemente rechazaron la opción del aborto, decidiendo en cambio, con la ayuda de Dios —espero que también con la ayuda de la iglesia local—, criar a sus hijos por sí mismas. Si tú eres una de estas madres, permíteme agradecerte por no haber abortado a tu hijo. Dios todavía no ha terminado con ninguna de nosotras. Y estoy convencida de que Él sacará a la luz la parte buena de tu sabia —y quizás sacrificada— decisión.

Y quiero reconocer a todas las "casadas solas": madres que están criando a sus hijos solas mientras sus esposos están en la cárcel, en la actividad militar o ausentes por causa de adicciones, alcoholismo, o porque no se encuentran emocionalmente disponibles.

Entonces, queridas damas, sin importar cómo lo hayamos abordado, estamos todas en el mismo bote. Bienvenidas.

Y antes de continuar, necesito sacar del camino uno de mis persistentes motivos de irritación: la gente que constantemente se refiere a las familias monoparentales como "hogares rotos". Muchos de nosotros sentimos que con la ayuda de Dios y con mucho esfuerzo personal nuestros hogares han sido sanados, aún cuando la sanidad —como en mi caso— no vino de un día para otro.

SACAR FUERZAS DE FLAQUEZA

Déjame asegurarte que tú *eres* más fuerte de lo que piensas. En mis primeros días como madre sola, no podía ver con claridad hacia adelante, hasta donde me encuentro hoy día. Mientras pensaba —y me preocupaba— por mi rol de madre sola, todo cuanto podía hacer era mirar los ejemplos de las mujeres fuertes de la Biblia y de mi propia familia.

Quería ser como la Ana de Lucas 2:36, que sirvió en el Templo durante la mayor parte de su vida adulta. Pero, a diferencia de Ana, no podía desprenderme del mundo: la economía no me lo permitía.

Pensé también en Molly Pitcher, la mujer que acarreó agua para los hombres heridos y moribundos durante la Guerra de la Independencia. Su verdadero nombre era Molly Ludwig

Hays, pero como los hombres le gritaban: "¡Molly! ¡Pitcher! (la vasija)" se ganó ese apodo.

Durante una batalla particularmente violenta, Molly vio a su esposo caer junto al cañón que estaba disparando. ¡Corrió a su lado, no para cargarlo en brazos sino para tomar su lugar y disparar el cañón!

¡Yo quería ser ese tipo de mujer! Pero aprendí tempranamente que la fuerza personal sola no puede vencer en todas las situaciones.

Mi bisabuela Mintie Farley solía relatar historias de las locuras que rodeaban la Guerra Civil —o como la llamamos en Kentucky, la Guerra entre Hermanos. Nos narró que todos los hombres de su pequeño vecindario se habían ido a la guerra, dejando a sus esposas y a sus niños solos en las fincas de las montañas.

Aunque mi bisabuela era una niña por entonces, ella recordaba cómo primero un ejército y luego otro robaba todo lo que podía de la finca, hasta la vaca lechera de la familia. Pero una tarde unos jinetes irrumpieron en el patio, exigiendo que se les diera la comida que quedaba. Su mamá, Stacee Collins, comenzó a discutir, pero el comandante se limitó a apuntarle con su pistola a la cabeza y decirle que sería una vergüenza tener que matarla frente a los niños. Ella les dio la comida a los soldados.

A través de los años —y mucho después de la muerte de mi bisabuela— la historia fue recontada tantas veces y se me hizo tan real que podía reportar el color del cabello del comandante. Cuando expresaba mi indignación, mi abuela Mamá Farley decía: "Querida, en la vida hay ciertas cosas con las que no puedes hacer más que soportarlas."

¡Yo no quiero *soportar* situaciones! ¡Las quiero corregir! Ahora. ¡Y a mi manera! Así que aprender a sobrellevar el estar sola con *gracia* no ha sido una lección que aprendí de un día para el otro; y, siendo el ser humano que soy, he cometido muchos errores a lo largo del camino. Soy mucho más fuerte ahora, pero llegar a este punto me ha requerido mucha oración y conversaciones que me alentaron.

La cuerda floja de la madre sola

De vez en cuando mis amigas casadas me preguntan cómo se siente ser una madre sola. Mi respuesta es: "Imagina una cuerda floja que atraviesa un profundo desfiladero. Una madre sola camina cautelosamente a través de la cuerda, tratando de concentrarse en las numerosas bolas con las que hace malabares. Algunas de ellas están rotuladas: "cuidado de niños" o "trabajo" o "deudas" o "salud." Quizás también están incluidos "rechazo" y "batallas de custodia", pero siempre la preocupación de ella es poder mantener todas las bolas en el aire al mismo tiempo.

A cada lado del desfiladero hay gente gritando para llamar su atención: hijos, padres, jefes, amigos. Entonces un tipo persuasivo le hace gestos para que se baje de la cuerda y se una a él. En los lugares en que la cuerda baja bastante cerca del suelo donde él está parado, sería fácil para ella dejar caer todas las bolas y seguir caminando sin inmutarse. Pero la madre sigue adelante, mirando sólo a la responsabilidad que tiene en su mano en ese momento, sabiendo que si se distrae puede perder fácilmente el equilibrio.

Una de las responsabilidades bíblicas de la iglesia es ayudar a las madres solas a mantener su equilibrio. Santiago 1:27 hace un llamado a la iglesia a cuidar de "los huérfanos y las viudas." Hoy, esto se traduciría frecuentemente en proveer ayuda emocional y financiera para las madres solas y sus hijos —sin mirar como llegaron a estar en esa situación.

Me emociona el creciente número de líderes de iglesias que han comprendido especialmente nuestras necesidades y consideran que los padres y madres solos son parte de su ministerio de *familia* en lugar de agruparnos aparte con los que nunca se han casado, solteros sin hijos. Pero me parece que algunas iglesias han decidido perdonar todo menos el divorcio. Recuerdo que recibí el reporte de una mujer que fue llevada del brazo y "escoltada" por un anciano fuera de un servicio de comunión una semana después de terminar su divorcio. ¡Ug!

Las madres solas no necesitamos condenación. Necesitamos valor. Hablando de mí misma, siempre he tenido que batallar con mi baja autoestima, especialmente al principio cuando la gente decía que nunca tendría suficiente éxito como madre sola. He aprendido que los pensamientos negativos suelen producir acciones negativas, las cuales a su tiempo producen resultados negativos. El término psicológico para este fenómeno es "profecía autocumplida."

Recuerdas haber dicho años atrás: "¿Por qué molestarme en estudiar para este examen si lo mismo voy a fracasar?" Y de seguro, fracasaste. Bueno, también podemos sabotear nuestro futuro de la misma forma si no tenemos cuidado.

En lugar de ceder a los pensamientos negativos, me propuse mirar al Señor y decidí llegar al tope de esta montaña —como espero que tú hagas. Habiendo sobrevivido a esos primeros años de pánico, ahora veo el ser madre sola como una aventura maravillosa. Si aceptamos la ayuda de Dios, tenemos la esperanza y la certeza de que podemos ser buenas madres solas.

Sí, sonríe. A ti y a tus hijos les a*guardan* días mejores.

Así que ven conmigo y déjame compartirte algunas de las cosas que he aprendido durante mi peregrinaje. Y deseo que encuentres aliento en este caminar que compartiremos.

Cordialmente,

Sandra Picklesimer Aldrich
Colorado Springs, Colorado

Capítulo uno

Si yo puedo hacerlo, tú también

Todo lo puedo en Cristo que me fortalece.

Filipenses 4:13

Mi hija, Holly, estaba en tercer grado cuando un día volvió a casa llorando. Una de las madres de la comisión de su clase había entregado una hoja con instrucciones para un evento especial y dijo: "Lleven esto a casa para su familia."

Miró a Holly y dijo: "Lo siento, quise decir a sus madres."

En nuestra cocina de Michigan, rodeé con mis brazos a mi hija de ocho años. "Holly, seguimos siendo una familia", le dije. "Sólo que ahora somos una familia de *tres*."

Se echó sobre mí aliviada. Ese fue un momento crucial para ambas.

Ese incidente, junto con otros, me hizo comprender que si íbamos a sobrevivir como familia, tendríamos que pelear algunas batallas emocionales a lo largo del camino. Y la única manera de que mis hijos pudieran desarrollar su propia fortaleza sería viéndome a mí.

Por supuesto, ganamos algo y perdemos algo, pero es así como aprendemos

Mientras comparto mis experiencias, déjame advertirte que no tengo respuestas fáciles ni soluciones perfectas: ¡y cuidado con cualquiera que diga tenerlas! Pero puedo hablarte de lo que funcionó —y de lo que no funcionó— para mí y para las otras madres solas que compartieron sus experiencias conmigo. Y, recuerda, cualquier éxito y logro alcanzado en nuestro camino no ha sido el resultado de alguna personal sabiduría innata. Como regla, ellos vinieron por mucha gracia de parte de Dios y muchos ensayos y errores de nuestra parte.

Todas las que estamos criando a nuestros hijos solas tenemos demasiado estrés, demasiadas responsabilidades y demasiado poco tiempo. Y no hay dos de nosotras que tengamos situaciones familiares idénticas o enfrentemos idénticas preocupaciones. Así que mientras vas leyendo, toma nota de aquellas ideas y opciones que sientes serán de beneficio para ti y tu familia e ignora el resto.

Aparte de cuanto haya sido —esposa y maestra, madre sola, escritora y conferencista inspiracional— mi principal meta en la vida es llegar a ser la mujer que Dios me creó para que fuese. Así, en este capítulo presento algunas preocupaciones espirituales que son vitalmente importantes para todas nosotras, aparte de algunos otros asuntos prácticos que las madres solas enfrentamos comúnmente. Luego, en cada capítulo subsiguiente, discutiré un asunto en particular relacionado con padres/madres solos y a medida que avancemos ofreceré un variado menú de cosas que se deben y no se deben hacer.

De un día para el otro nos convertimos en madres solas, pero sobrevivimos

He tomado conciencia de que a través de los años el mundo ha cambiado pero un reto sigue siendo el mismo: cómo criar a una familia estando sola. Ya sea que estemos en Oregon Trail a mediados del siglo 19, en los campos de carbón de Kentucky en la década de 1920 o en la Norteamérica moderna, los padres y madres solos enfrentan siempre un obstáculo tras otro. En mi propio caso, no tenía ni la menor idea de cómo iba a manejar todas las responsabilidades que una madre sola tendría que sobrellevar. Me había casado joven y pasé de la autoridad de mi padre a la de mi esposo. Y aunque había estudiado en una escuela suburbana de Detroit y había manejado numerosas responsabilidades profesionales, no sabía nada acerca de pagar cuentas, hacer presupuestos, cuadrar una libreta de cheques, hacer reparaciones en la casa o arreglar un auto. Esas habían sido responsabilidades de mi esposo.

Así que, ¿cómo podría criar a mis dos hijos para que fueran adultos de provecho, sin su padre? ¿Cómo podría enseñar a mi hijo de 10 años a convertirse en un hombre? Aún con una familia extensa llena de tíos y primos, no había un pariente masculino lo suficientemente próximo como para proveer la figura paterna que Jay necesitaba.

Así que me preocupé y oré mucho durante esos primeros cinco años. Permanecimos en la iglesia, y confié en que ese par de horas cada semana podría proveer a mis dos hijos de algunos destellos de cómo debía ser una verdadera imagen masculina.

Varios años han pasado desde la muerte de su padre, y Jay creció con una madre, una hermana y un gato castrado. Sin embargo, ha llegado a ser un joven verdaderamente masculino.

No te rindas ahora

Todos tenemos días en que las cosas no van bien, pero las madres solas parecemos tener más de lo que podemos sobrellevar. Sin embargo, esto no es una excusa para rendirse. Recuerdo un sábado mucho tiempo atrás, cuando mis escritos no estaban saliendo bien. "Ay, Señor, ¿qué me hizo pensar que yo podía escribir después de todo?" —parecía ser mi oración más persistente.

En medio de aquella floja mañana, Holly volvió del colegio e insistió en que fuéramos a montar a caballo.

"Podría ser bueno", murmuré. "No he logrado hacer ninguna otra cosa."

En una hora, estábamos en nuestro establo favorito aquí en las montañas de Colorado, pero el dócil caballo marrón que usualmente montaba ya estaba alquilado por el resto del día. Ese gentil caballo tenía dos velocidades —lento y detenido—, y me decepcionaba que no estuviera disponible. Lo único que podía hacer era pedir el *segundo* más dócil. Pronto me trajeron un caballo grande y negro. Nos miramos a los ojos por un momento; luego tome las riendas y lo dirigí hacia la banca de montar. Coloqué mi pierna izquierda en la escalinata, y apenas había comenzado a levantar la pierna derecha sobre la silla de montar, cuando el caballo decidió que no me quería sobre él. Comenzó, inteligente y rápidamente, a despegarse de la banca. Ahí estaba yo, con un pie todavía sobre la banca y el otro en el aire. Por entonces no tenía la agilidad —o la figura delicada— como para usar el peso de mi cuerpo para tirarme sobre la silla de montar. En cambio, me mantuve como colgada en el aire durante un largo momento. El dueño del establo bailoteaba hacia adelante y hacia atrás debajo de mí, con sus brazos en el aire como para agarrarme cuando cayera. Sólo había una parte de mi anatomía conveniente para empujarme, pero me conocía lo suficiente como para saber que no debía intentarlo. Así que con los brazos en movimiento, saltaba de un pie al otro y gritaba: "¡No se rinda *ahora*, señora, no se rinda ahora!".

Holly estaba doblada en su propia silla, riendo a carcajadas ante la escena, así que por supuesto, comencé a reír y se hizo aún más difícil mantenerme en posición. Pero finalmente, con un golpe de adrenalina, empujé mi cuerpo y metí el pie derecho en el estribo. El caballo respingó en gesto de derrota mientras viraba su cabeza para seguir a Holly quien todavía se seguía riendo a lo largo del camino.

Esa cabalgata, pese a su endeble comienzo, probó ser exactamente la inspiración que necesitaba para poner fin al tedio en mi tarea de escribir. Además, esa experiencia me ha provisto de un empuje extra cuando estoy tentada a rendirme. "No se rinda ahora" es un consejo que no podemos dejar de escuchar cuando se trata de nuestra tarea de madres solas.

PODEMOS TOMAR ÁNIMO DE LAS ESCRITURAS

Soy originaria de Harlan Country, Kentucky, y estoy orgullosa de mi fuerte herencia montañesa. Pero los que me conocen mejor saben que aunque conservo mi acento de Kentucky, todavía lucho de vez en cuando con sensaciones de insuficiencia.

En el pasado, debí pelear con la tendencia a llamarme a mí misma torpe, especialmente cuando no captaba algo tan rápidamente como yo —o un jefe— esperaba que lo hiciera.

En esos momentos, se me activaban todas las grabaciones mentales de cada error que había cometido. Pero con el paso de los años, he aprendido que no soy la única madre sola que trata de meter la bola de la buena autoestima en el conjunto de bolas con que hace malabares. También he aprendido que cada vez que nos golpeamos a nosotras mismas estamos ayudando al Enemigo. ¡Y él es un tipo al que no me interesa ayudar más de lo que ya lo hice!

Ese sentimiento de ser deplorablemente inadecuada fue especialmente fuerte al comienzo de mi vida sola, así que iba con frecuencia a la Biblia en busca de estímulo. El aprender que mujeres del Antiguo Testamento como Débora, Rut y Ester también enfrentaron situaciones imposibles y ganaron —con la ayuda de Dios— me fortalecía grandemente. Pronto estaba personalizando todo lo que leía en las Escrituras.

Uno de mis relatos favoritos de milagros está en Juan 11: cómo Lázaro es levantado de la muerte. María y Marta de Betania habían enviado a decir a Jesús que su hermano, Lázaro, estaba muy enfermo.

Jesús deliberadamente se retrasó, hasta que escuchó que su amigo había muerto. Cuando por fin llegó a Betania, fue a la tumba y dijo a los hombres que estaban allí cerca que removieran la piedra (ver Juan 11:38-39).

Luego gritó: "¡Lázaro, sal fuera!" (Juan 11:43).

Me fascinaba que Jesús hubiera dicho: "*Lázaro*, sal fuera". Estoy convencida de que siendo Él la Vida, cada tumba habría tenido que dar sus muertos con sólo que Él hubiera dicho: "¡Sal fuera!"

Cuando Lázaro emergió de la tumba, estaba todavía envuelto en sus vestiduras mortuorias. Jesús entonces dijo a los que estaban cerca —seguramente con sus quijadas colgando—: "Quítenle las vendas y dejen que se vaya" (v. 44).

¿Cómo era eso? ¿Aquél que levantó a un hombre de la muerte estaba pidiendo a otros que removieran la piedra y le sacaran las vendas sepulcrales?

Sí, porque Él quería hacerles ver un punto: *Haz lo que tú puedas hacer y deja el resultado al Señor.* En otras palabras, haz lo que es humanamente posible y déjale a Él la parte milagrosa.

Aún ahora siento alivio por lo que esto implica para las madres solas: nuestro Señor nos dará la fortaleza para compatibilizar todas *nuestras* responsabilidades. En fe, tenemos que hacer lo que podemos hacer —y no rendirnos.

Es como dice el viejo adagio: "Ora como si todo dependiera de Dios, y trabaja como si todo dependiera de ti".

PRUEBA A RECLAMAR LAS ESCRITURAS PARA TI MISMA

Isaías 54:5 es para toda mujer sola: "Porque tu marido es tu Hacedor; Jehová de los ejércitos es su nombre" (RV60).

Sólo piensa. ¡Eso significa que compartimos el mismo esposo, tú y yo, y yo no estoy celosa! El mensaje de este versículo me brindó un alivio especial porque, antes de ser madre sola, nunca había tomado una decisión importante por mí misma y tenía terror de tomar una decisión incorrecta que pusiera en riesgo el futuro de mis hijos. Oraba por todo —grande o pequeño. ¡No sólo obtuve la dirección que necesitaba, sino que también aprendí que no era incorrecto discutir un poquito con el Señor!

Por ejemplo, nos habíamos mudado recientemente a nuestro hogar de Colorado cuando noté que la luz empotrada en el techo de la sala no encendía. Era tiempo de sacar la escalera grande y cambiar la bombilla. Colgada de los angostos escalones, comencé a agarrarme del Señor. Sus hombros son bastante grandes, y Él siempre sabe lo que estamos pensando, así que puede manejar el asunto. Además, cuando Jesús dijo en Mateo 19:14: "Vengan a mí", *no* agregó, "pero Vengan con una sonrisa en su rostro" o "Vengan sin lágrimas." Simplemente dijo: "Vengan".

Así que le dije a mi esposo, el Dios del Universo, que se suponía que los *esposos* debían cambiar las bombillas de luz y no que yo lo hiciera. De ahí, mis quejas rápidamente aumentaron en mi pensamiento ya que entonces *yo tampoco debería tener que hacer esta tarea de criar sola a mis hijos.*

Después de haberme quejado, por fin tuve el buen sentido de quedarme quieta y escuchar. En ese momento, fue como si Él me estuviera diciendo: "Prueba enroscarla hacia el otro lado".

¿Que trate de enroscarla hacia el otro lado? Pero si yo conozco las reglas para cambiar bombillas. Es… *derecha: se aprieta, izquierda: se afloja.* Pero hacerlo a mi manera no estaba dando resultado, así que le di a la bombilla media vuelta hacia la derecha ¡y cayó en mi mano!

Fíjate, la rosca de la bombilla se había gastado, y el que la cambió anteriormente la había forzado a entrar. Dios sabía que la rosca estaba gastada —así como conoce las áreas de mi vida donde soy más débil. Me va mucho mejor en la vida cuando lo escucho —y le confío diariamente esas áreas de mi vida a Él.

Piensa en los ángeles e invoca la protección de nuestro Señor

En Lucas 4:10, Dios dice que enviará a sus ángeles para protegernos. Pero hasta que participé en un viaje de la iglesia que me convencí de que Él no estaba bromeando.

Me fui a aventurar lejos del hotel donde nuestro grupo estaba hospedado y ya había caminado más o menos una hora. Me senté sobre una pequeña pared para recuperar mi compostura y poder regresar al hotel, cuando descubrí que no era bienvenida: alguien me tiraba piedras desde una verja no muy lejos detrás de mí.

Oh que gracioso, pensé. *Heme aquí, sola en un territorio desconocido.* Pensé para mis adentros que las piedras debían provenir de algún detestable niño que tendría gran placer en verme mostrar temor.

Pero entonces comprendí que si lo hubiera meditado todo el día, probablemente no hubiera encontrado algo más irreflexivo que salir a caminar sola. Respiré profundamente.

"Bueno, Señor, ésta no es la más brillante idea que haya tenido", le dije. "Pero te agradezco por la promesa de que los ángeles están velando por mí."

"Me gustaría ahora tener un ángel especial caminando a mi lado. Y como los ángeles pueden tomar cualquier forma que quieran, me gustaría que fuera grande y feo –y visible para cualquiera de corazón malvado."

Me imaginé que mi ángel personal medía 6' 8" (aprox. 2 metros) y pesaba 290 libras (aprox. 130 Kg), con largo pelo marrón sujeto con una bandana y con aspecto de "no te meta conmigo". También le puse un sobrenombre, "Buddy". Entonces me levanté e ignorando las piedras que caían a mi lado, caminé confiadamente todo el camino de regreso al hotel con mi escolta, Buddy, junto a mí.

Cuando llegué a casa, les conté a Jay y a Holly lo sucedido, añadiendo la usual advertencia de que no debemos tentar a Dios a propósito tomando riesgos tontos. Holly, mi hija de diez años, adoptó rápidamente la idea de que los ángeles nos protegen.

Así que cuando nos mudamos para Nueva York un par de años más tarde, me preguntó: "Si Buddy está con nosotros en el hotel, ¿quién va a cuidar de nuestros muebles?".

Entonces, creé al hermano gemelo de Buddy, Buford. Le describí como él iba a estar recostado contra el camión mientras se limpiaba las uñas con su navaja. Si algún niño se atrevía a acercarse al camión, él bordearía silenciosamente el vehículo y diría: "Muchachos, les recomiendo que se vayan a otra parte."

Siendo una kentuckiana, estoy segura de que ángeles *sureños* velaron por nosotros durante esa mudanza. En esto la teología puede ser poco firme, pero Buddy y Buford ayudaron a mi pequeña y amedrentada hija —y a su madre— a dormir bien esa noche.

¿Y qué pasa contigo? ¿Qué has hecho en esos momentos en que tú y tu familia han necesitado protección extra? Buddy y Buford tienen muchos primos celestiales, así que invítalos a ir con ustedes.

Cuando renunciamos a la preocupación, vemos la respuesta de Dios

Filipenses 4:19 es un versículo que reclamé cuando me convertí en madre sola: "Mi Dios, pues, suplirá todo lo que os falta conforme a sus riquezas en gloria en Cristo Jesús" (RV60).

Muchas veces, puse a prueba esta promesa y ocasionalmente desafié a Dios con: "¿También *esta* necesidad, Dios?".

Gradualmente, aprendí que Él no había pasado por alto nada. A medida que aprendía a orar por cada reto y decisión, Él contestaba —aunque no siempre de la manera que yo esperaba.

Algunas veces, usó a amigos para mostrarme cómo cambiar el aceite de mi auto o cómo cuadrar la libreta de cheques. En ocasiones me estimulaba a través de un glorioso amanecer con el pensamiento constante de que Él no me había dejado sola.

Pero sobre todo, me ayudó a crecer; y aprendí mucho acerca de mí misma y de mi Padre celestial.

Mantén rutinas de familia

Tener una estructura nos lleva a través del caos diario y con frecuencia nos hace superar los momentos duros. Así que tener un tiempo señalado para las comidas, las tareas escolares y las tareas domésticas añade organización y paz a nuestras agendas. Y si hay algo que nosotras las madres solas necesitamos en nuestra rutina diaria es paz. La lectura diaria de la Escritura ayuda a proveérnosla.

Teníamos por hábito leer la Biblia después de cenar durante el fin de semana y de llevar un registro de nuestras peticiones de oración en una libreta. Nuestros invitados, incluyendo amigos de Jay o de Holly que hubieran ido a cenar, eran invitados para unirse a nosotros en esto.

Una noche Jessica, la amiga de Holly y Till, el amigo alemán de Jay, estaban con nosotros. Cuando terminamos nuestra carne mechada, Jay leyó varios de nuestros salmos favoritos.

Expliqué entonces que era nuestra costumbre orar en turnos y que Till era bienvenido para unirse con nosotros.

Contestó un poco nervioso: "¡Pero yo nunca he orado en inglés!" "Entonces ora en alemán", dije. "Le estás hablando a Dios, no a nosotros. Pero no tienes que orar en alta voz si no quieres. Haz lo que te haga sentir cómodo."

Así que Jay comenzó el tiempo de oración, seguido por Jessica y Holly. Estaba lista para cerrar con mi oración cuando Till comenzó a orar un poco vacilantemente. En sus primeras palabras tímidas, entendí la palabra "alemán" y supe que le estaba diciendo al Señor que yo había dicho que podía orar en alemán.

Gradualmente, su timidez desapareció, y comenzó a hablar con Dios de todo corazón. Aunque no podía entender las palabras, entendí la emoción envuelta en ellas, y sentí el agradecimiento que brotaba de su oración.

Nos hubiéramos privado de una bendición especial esa noche si hubiéramos echado a un lado nuestra rutina por causa de nuestros invitados.

Tenemos que ser realistas en nuestras expectativas sobre otros

No esperes que los demás hagan todo por ti

Recuerdo una joven madre que exigía que los hombres de la iglesia contestaran cada una de sus solicitudes de ayuda. Si las gomas de su auto necesitaban aire o si las ventanas de su casa estaban sucias, llamaba a los hombres de la iglesia para que la asistieran. Cuando ellos se negaban —¡después de todo, la mayoría de ellos no limpiaban ventanas ni para sus *propias* esposas!— se quejaba con el pastor, diciendo que la iglesia estaba supuesta a cuidar de sus madres solas.

Eso es cierto, pero sólo hasta cierto punto. Las instrucciones de Santiago 1:27 indican a la iglesia proveerles albergue y comida, pero no hacerse cargo del trabajo que ellas pueden —y deben— hacer por sí mismas.

No esperes que los demás quiten tu dolor
Aunque han pasado varios años desde su divorcio, Jan todavía guarda rencor a una mujer de su iglesia que no le respondió de la manera que ella sintió debió haber respondido.

Con mucho detalle, Jan describe el servicio del miércoles por la noche cuando su esposo le entregó las llaves del auto diciendo: "¿A quien estamos tratando de engañar?", y se fue.

En ese momento, ella supo que su matrimonio había llegado a su fin. Enmudecida, se sentó por el resto del servicio tratando de darle a él tiempo suficiente para caminar las pocas cuadras hacia la casa y empacar su maleta.

Luego del servicio, la mujer que estaba sentada detrás de ella le preguntó si todo estaba bien. Con lágrimas corriendo por sus mejillas, Jan le espetó que se estaba enfrentando a un divorcio.

"¡Entonces la mujer me dio una palmadita en mi hombro y me dijo que Dios estaría conmigo y se fue para su casa con *su* esposo!", dice Jan.

Por supuesto, hubiera sido maravilloso que la mujer la hubiera envuelto en un abrazo y le hubiera dicho:"¡Oh, querida!". Pero no lo hizo.

Si vamos a pensar que *no es justo* y a estar heridas cada vez que alguien fracasa en proveernos lo que pensamos que necesitamos, vamos a ser heridas muchas veces. Las demás personas tienen sus propios problemas y no pueden cargar con nuestros problemas mucho más de lo que nosotros podemos cargar con los suyos.

Debemos recibir la ayuda de otros cuando se nos brinda, pero no exigirla. Mirando nuestra situación de una forma realista, podemos atravesarla con menos traumas.

No esperes que otros aprecien lo que haces
Ser una madre sola cuesta mucho trabajo. Naturalmente, nos gusta tener a alguien que ocasionalmente nos dé una palmadita en los hombros, pero buscar la alabanza de los demás consume mucha energía que puede ser mejor utilizada en atender las responsabilidades que tenemos a la mano. ¡Recuerda, los griegos de la antigüedad no dieron el premio del ganador a los

que cruzaron la meta primero, sino a los que cruzaron la meta primero *con la antorcha todavía encendida!*

Aparte de esto, otras personas no siempre se darán cuenta de cuánto estamos haciendo. Lo aprendí un tiempo atrás cuando un pariente mío y yo fuimos manejando para Kentucky para traer a mis abuelos, Papá y Mamá Farley y a mi tía Ada de regreso a Michigan.

Nos esperaba un largo viaje de ocho horas, así que mi abuela tenía un enorme almuerzo empacado y puesto a su lado en el asiento delantero. Encima de la canasta de picnic tenía unas cuantas bananas colgadas, y también acomodó su bastón cómodamente contra su cadera, lista para comenzar el viaje.

Las muchas construcciones que había en la carretera principal nos forzaron a tomar un desvío rodeando las colinas meridionales por una carretera de asfalto estrecha y de curvas peligrosas. Cerca del tope de la montaña, descubrimos que un deslizamiento de rocas obstruía la carretera.

El pariente que había estado manejando el auto lo estacionó y salió para ir a investigar la situación. En ese momento el auto se detuvo y comenzó a deslizarse hacia atrás.

Yo estaba en el asiento trasero entre tía Ada y Papá, pero traté de alcanzar los frenos. En un instante, me tiré sobre el asiento, empujando el almuerzo al piso al levantarme para golpear con fuerza los frenos.

Cuando finalmente logré detener el auto, ya estábamos varios pies fuera del asfalto. Un poco más allá se encontraba un precipicio de 500 pies (150 metros) barranca abajo.

Con el auto ya asegurado por los frenos, suspiré y traté de empujar mi corazón desde la garganta hacia el lugar apropiado. Finalmente, mire a Mamá Farley, segura de que ella estaría agradecida por mi rápida reacción que nos salvó a los cuatro de herirnos gravemente —o quizás de la muerte.

Pero ella sólo me miró mientras recogía el almuerzo desparramado. Luego murmuró: "Aplastaste las bananas".

Ese fue todo el reconocimiento que me dieron.

No esperes que los demás estén siempre disponibles

Mientras trataba de aprender a organizarme sola con todas mis nuevas responsabilidades, mis queridos amigos Dick y Rose habían completado sus planes para mudarse a California. El domingo por la noche antes que partieran, nos dijimos adiós en mi cocina.

Traté de ser valiente, pero mis lágrimas amenazaban mientras abrazaba a Rose. Luego, al volverme hacia Dick, me miró tan triste que perdí la batalla. Todo lo que pude hacer fue sollozar sobre su hombro.

Mi inusual demostración de emoción creó un momento incómodo para todos, pero no podía parar. Dos de mis más queridos amigos se iban para el otro lado del mundo, y estaba segura que no los volvería a ver.

Cuando por fin me calmé, todos nos sentíamos tan avergonzados que decidí interiormente que nunca dejaría que una escena así volviera a ocurrir, por mucho que amara a los que se estuvieran despidiendo. Irónicamente, varios años más tarde, los negocios me llevarían con frecuencia hacia el sur de California, y siempre que podía me hospedaba con Rose y Dick. Después de todo no los había perdido para siempre.

Aunque entonces había sentido que mi pequeña balsa se iba a la deriva, su partida me forzó a dejar de depender de mis amigos y a comenzar a buscar mi propia fortaleza, y la del Señor. Con el tiempo, también la encontré.

Cosas que tenemos que evitar por nuestra salud emocional

Evita los celos y la envidia

Los celos gastan energía preciosa, pero me tomó mucho tiempo aprender esa importante lección.

En una reunión de negocios, un hombre mencionó que su esposa había sido la anfitriona de un almuerzo para varias de las damas de su iglesia. Había puesto la mesa con cristalería fina y vajilla china mientras el estéreo tocaba música relajante. Cada mujer había entrado a la casa apresuradamente, pero habían sido rápidamente calmadas por el ambiente tan acogedor.

"Ella creó un cielo para ellas", dijo tranquilamente.

No pude hacer comentarios porque estaba llena de envidia. Por supuesto, ella podía proveerles un cielo; ella era un ama de casa, que se puede dar el lujo de concentrarse en su trabajo principal: cuidar de su esposo e hijos.

Es dueña de sus días. Puede asistir a los grupos de estudio bíblico, ir convenientemente de compras, darse una ducha por las tardes y verse bella para su esposo, quien paga las cuentas, disfruta de largas charlas con ella y le ayuda en la disciplina de sus hijos. No tiene que hacer malabares con todas las responsabilidades y tensiones ella sola.

Mi envidia no me dejaba concentrarme, y confieso que no puedo hablarte de ninguna otra cosa que se dijo en la reunión.

Ahora, cuando ocurre ese tipo de situaciones, me recuerdo a mí misma que tuve mi turno en esas actividades y que yo he escogido este estilo de vida. Es cierto que no escogí ser madre sola, pero sí escogí criar a mis hijos sola, y escogí cambiar de vocación en la madurez, luego de haber enseñado en escuelas secundarias durante 15 años.

Ponerme firme conmigo misma me ayuda a poner las cosas en la perspectiva apropiada.

Evita las fantasías que hieren
Aunque ya he transitado un largo camino, todavía tengo momentos en que me siento muy sola. Durante mi primera Navidad en Colorado, Jay, Holly y yo asistimos a un energético musical con un pobre argumento relativo a una familia que se reunía en las montañas para la Navidad, cantando canciones felices y expresándose su amor unos a otros.

El espectáculo era usualmente dado como parte de un paquete que incluía la cena, así que también nuestra audiencia de la tarde era sentada en grandes mesas redondas. Ya para el final de la cena, antes que se alzara el telón, los meseros se apresuraban entre las mesas repartiendo los refrescos.

Cuando el espectáculo comenzó, me deleitaba la gran energía de los artistas que cantaban y bailaban como si estuvieran disfrutando un tiempo maravilloso. Entonces, durante una canción de Navidad particularmente tierna, comencé a llorar, sintiéndome muy sola —aunque tenía a Jay y a Holly sentados a mi lado.

En ese mismo momento, el hombre que estaba enfrente echó su brazo hacia atrás hacia su esposa. Mis lágrimas aumentaron mientras me imaginaba que él iba a poner su brazo alrededor de ella y le daría un pequeño apretoncito en los hombros.

Cuán afortunada era su esposa, y cuán bello de su parte hacer eso. Mis pensamientos se movían más rápido que el brazo del hombre.

Al fin, con su brazo totalmente hacia atrás, él alcanzó su vaso de refresco —¡en lugar de su esposa!

Me reí en alta voz, pues otra de las realidades de la vida me trajo de regreso a la tierra y quebrantó una más de mis fantasías.

TE AYUDAS A TI MISMA Y A TU FAMILIA CUANDO AYUDAS A OTROS

Ya que tiendo a compararme con otros, mi truco es dirigir esas comparaciones en la dirección correcta. Pero he aprendido que ayudando a otros, nosotros tres podemos apreciar mejor lo que hemos ganado en lugar de lamentarnos por lo que perdimos.

Ese primer día de Acción de Gracias después que se me confió la crianza de mis hijos como sola, decidí que no iba a estar cocinando para la usual banda de familiares. Y que no iba a aceptar ninguna de las invitaciones que recibiéramos. Me conocía a mí misma lo suficiente como para saber que estar con familias compuestas de ambos padres solamente intensificaría mis sentimientos de pérdida.

Así que llamé al Ejército de Salvación del área local para preguntar si podíamos ayudar sirviendo la cena. El proveer aunque fuera un pequeño servicio a los demás me ayudó mucho más allá de lo que había esperado. Y después de todo, los tres nos fuimos de allí con un sentimiento de paz muy especial.

El día tuvo sus momentos jocosos, también. Les dije a Jay y a Holly que se vistieran con ropa de abrigo esa mañana, puesto que la cena se serviría en el gimnasio de una pequeña iglesia. También les dije que no se pusieran su mejor ropa pues no quería que nos viéramos como si estuviéramos de una manera condescendiente "haciendo nuestra buena obra del año". Al parecer siguieron mis instrucciones demasiado bien.

Después de haberles servido a todos los demás, nos sentamos a comer. Tan pronto como levantamos nuestras cabezas después de orar, un fotógrafo del periódico local entró por la puerta. Estudió el cuarto, divisó a mis pequeños rubios, sonrió y vino hacia nosotros.

"Pertenezco al periódico local, y estamos haciendo una historia sobre familias que cenan en el Ejército de Salvación", dijo. "¿Les puedo tomar una foto? Esta va a ser una gran foto: usted con sus hijos."

Me dio pánico. "¡Oh, no! Somos voluntarios. Hemos estado sirviendo la cena a los demás."

Sonrió gentilmente. "Está bien. Todos necesitamos una ayudita de vez en cuando."

"Pero somos voluntarios", insistí. "Vinimos a ayudar."

Un señor anciano de la mesa próxima a nosotros había estado observando la escena con interés.

"Usted puede tomarme la foto a *mí*", dijo. "No me veré tan lindo como uno de los jovencitos, pero sonreiré para usted."

El fotógrafo se encogió de hombros y le sacó una foto al hombre mientras se movía hacia el otro lado del salón. Decidí que para el próximo año dejaría a los chicos ponerse sus mejores suéteres.

Pero también tuve que enfrentar algo profundo dentro de mi ser que no sabía estaba ahí: el orgullo de que estábamos ayudando en lugar de ser ayudados. Muchos años más tarde, aún medito en mi reacción. Realmente, el reportero tenía razón cuando dijo: "Todos necesitamos una ayudita de vez en cuando." Así que no dejes que el orgullo te prive de recibir alguna ayuda que tu familia pueda brindarte.

ESTAR DISPUESTAS A HACER CAMBIOS
NOS TRAE VIDA NUEVA

Prueba nuevos enfoques y sorpréndete gratamente

Muchas madres solas escuchan, por lo menos, ocasionalmente: "Papá no lo hacía de esa manera", sea que estemos friendo tortitas de harina o limpiando el garaje.

Cuando los hijos de Melanie le decían este tipo de cosas, ella les recordaba: "¡Bien, pero Papá no está aquí!". Pero pronto comprendió que tal réplica sólo profundizaba la melancolía. Finalmente, se forzó a sí misma a pedirles que le mostraran "cómo haría esto Papá".

Para su satisfacción, Jimmy, su hijo de 10 años, recordó cómo verter la gasolina en el tanque de la cortadora de césped sin derramarla por el piso. Al poco tiempo, ella le preguntaba a Jimmy cómo resolvería *él* cada tarea.

Cada tanto arriésgate y atrapa *ese* momento

Podemos estar tan preocupados por el futuro —pagar cuentas, hacer amigos, buscar una nueva casa— que perdemos el gozo de *ese* momento. Esa área me resultó especialmente ardua de sobrellevar porque siempre había tenido lo que me impartía seguridad —amigos, familia, ambiente de familia— envolviéndome firmemente.

Pero una vez que me forcé a mí misma a correr pequeños riesgos, como cambiar el color de mi guardarropa básico del rosado que mi esposo compró para mí a un púrpura oscuro que siempre me ha gustado, descubrí que tengo inclinación a la aventura. Ese descubrimiento fue rápidamente trasladado a las diversiones con mis hijos, incluyendo deslizarnos en bolsas de basura como trineo cerca de la casa de sus abuelos. Hasta comencé a llevar una caja de bolsas extra grandes en el maletero del auto para tales "momentos imprevistos".

Aún una caminata por el bosque se convertía en una aventura. Ahora, al mirar hacia atrás, reconocemos que nuestros recuerdos favoritos de aquellos primeros años de ajuste fueron los de eventos no planificados —los viajes a los molinos de

sidra o el festival de arte gratis— y no los viajes que planifica-
mos por varias semanas.

Busca una perspectiva consoladora y disfruta de nuevas experiencias

Cuando estaba casada, los domingos por la tarde giraban alrededor del fútbol. Si quería invitar a cenar amigos, les tenía que
gustar el fútbol. Si sugería que visitáramos algunos familiares,
teníamos que irnos mucho antes o inmediatamente después
del juego.

Ahora después de tantos años, confieso que aunque sigo extrañando a mi marido, no extraño el fútbol ni un poquito.

Mientras recapitulaba aquellas tardes de domingo de invierno y otoño, comencé a buscar cosas que Jay, Holly y yo podíamos hacer juntos. Museos gratis, teatro y sinfónicas llenaron
rápidamente el tiempo que una vez perteneció al fútbol.

Esas actividades eran parte de lo que escogíamos para los
domingos por la tarde; pero puede que esas no sean las tuyas.
Quizás visitar amigos o familiares te guste más, o ir de matinée,
o ir al zoológico o hacer cualquier otra cosa. ¡Busca nuevas maneras de mimarse y disfrutar!

Analiza, adapta y celebra de maneras nuevas

Alterar la manera en que en el pasado celebrábamos los días
feriados suele ser la manera más sabia de manejar el desafío de
los primeros días festivos que enfrentamos solos.

Inmediatamente, después de mudarnos a Colorado Springs,
fui a almorzar con mi agente de bienes raíces, una nueva amiga
que atravesaba un divorcio no deseado. Mientras abría su cola
de dieta dijo: "Recuerdo un tipo de nuestra oficina que dijo que
nadie lo invitó a sus fiestas de Navidad después de su divorcio.
Faltan cuatro meses para Navidad y ya me estoy preguntando
que voy a hacer".

Me encogí de hombros: "Eso es fácil. Tú y tus hijos vienen a
mi casa para la cena de Navidad".

Sacudió la cabeza. "No puedo hacer eso. Somos cinco en
total."

Le insistí que iba a cocinar y que si no venía para la cena, tendría que venir al día siguiente para comer lo que había quedado.

Finalmente aceptó, pero luego de insistirme en que iríamos a su casa para Acción de Gracias. De repente, sus ojos brillaron al pensar que su hogar se llenaría nuevamente.

A las pocas semanas, su lista de invitados consistía de un interesante grupo de padres y madres solos y de sus hijos, a quien en broma llamaba "La pandilla de objetos perdidos". Nos llevábamos tan bien que los invité a todos a mi hogar a una cena de Navidad a la cual cada uno trajo un plato de su receta favorita.

Por un largo tiempo, la *Pandilla de los objetos perdidos* fue el núcleo de mi círculo social. Y todo esto se debió a que otra madre sola y yo estuvimos dispuestas a analizar nuestras situaciones y adaptarnos a una nueva manera de hacer las cosas.

Suéltate el cabello y sé niña otra vez

Años atrás, Jay y Holly antes de su adolescencia discutían constantemente por una pequeña almohada azul de la sala de estar. Entonces vi en una tienda ositos de peluche —suaves y acolchonados— con barriguitas del mismo tamaño de la almohada azul. Escogí uno marrón para Jay y otro blanco para Holly.

Cuando ya me iba con mi selección cuidadosamente escogida, otro oso, blanco —éste con un brazo roto colgando— cautivó mi vista. Era imperfecto; nadie lo compraría. De repente, sintiendo una sensación de parentesco, lo compré y lo llamé Ralph.

Muchas noches, cuando mis hijos se habían ido a la cama, me sentaba en el sofá, observaba las llamas de la chimenea y abrazaba mi oso roto. Nadie que me conociera podía imaginar esa escena, pero quizás soy más fuerte ahora porque esas noches me permití abrazar a mi oso peludo.

Atrévete a hacer algo diferente

Algunas veces, tenemos que forzarnos a salir de nuestros carriles. Cuando las cosas comienzan a cerrársele a Darlene, ella lleva sus hijos a caminar fuera, o si hay mal tiempo, pasea por el centro comercial. Su misión es ver cuántos sonidos diferentes pueden identificar. La idea es hacer algo diferente y divertido.

¿Eres tú una de esas personas que tiene que hacer todo "como se debe"? Yo era así. Pero cuando vino la oferta de la editorial de Nueva York, y nos mudamos a un pequeño apartamento, el costo de vida era tan alto en la Costa Este que no podía empapelar las paredes. Así que les pasamos pintura y nos mudamos.

A pocos días de desempacar cajas, había colgado —con decenas de alfileres— varios acolchados Amish y sureños para dar realce a los cuartos. Luego, en una pared difícil próxima a las escaleras, esparcí los tapetes que mi abuela había tejido años atrás. Sólo algunos de ellos estaban sin usar; sobre la mayoría me había limpiado los pies en su puerta trasera muchos años atrás, y nunca soñé que algún día se mudarían conmigo a este gran extremo del mundo: Nueva York.

Cuando ya todo estaba en su lugar, me eché hacia atrás para admirar la mezcla de colores sobre la pintura color hueso. ¡Quedaba magnífico! Lo que originalmente intenté como una medida temporaria rápidamente se convirtió en mi personal firma decorativa. Esos acolchados también adornaron después mi oficina y mi hogar en Colorado. Con frecuencia, mis invitados admiran la tela y dicen: "Estos acolchados se parecen mucho a ti". Y ciertamente así es.

Solemos esperar para cuidar de nuestra salud

Ésta es una de esas secciones de "haz lo que digo y no lo que hago". Siempre he estado lista para cuidar de otras personas, pero todavía estoy aprendiendo a cuidarme a mí misma.

Mi peso aumentó —y a veces con rapidez— y en la lista de prioridades, mi propia salud estaba siempre al final. Esto fue así, hasta el día que me encontré en la sala de emergencia.

Para ese tiempo, estaba trabajando como editora asociada para una revista cristiana de Nueva York y le dedicaba largas horas. Necesitábamos desesperadamente una secretaria para manejar el volumen diario de correspondencia. Mi jefe había pedido a las autoridades que nos dieran alguna ayuda, pero la respuesta que llegó fue que yo podía manejar muy bien la situación.

Así que el 28 de septiembre ocurrió lo que, tarde o temprano, tenía que suceder.

Ese día, tuvimos nuestro horario usual de intenso trabajo: todo iba mal y fallábamos en las fechas límites. Entonces llamaron dos lectores: necesitaban hablar con alguien acerca de decisiones que enfrentaban en sus propias vidas. Por causa de mis antecedentes de aconsejar a los sufrientes, terminé encargándome de esas llamadas.

Luego, cerca de las 4:00 P.M., la compañía de mensajería llamó para decir que habían perdido las ilustraciones para la próxima edición. Enmudecida, sólo escuche que continuarían buscando en el almacén.

Luego, el departamento de contabilidad me necesitó. Estaba a mitad de las escaleras cuando mi corazón comenzó a retumbar en mi pecho ya cerrado. Todas las bolas invisibles que había estado maniobrando, de repente, chocaron mientras caían a mis pies. No podía respirar. Cautelosamente me senté en las escalinatas, convencida de que estaba teniendo un preinfarto.

Tras varios minutos sentada en las escalinatas —y orando— noté que había bajado la intensidad de las palpitaciones. Así que me fui para la oficina de contabilidad.

"¿Te sientes bien?", fue la pregunta inmediata de mi amigo.

Asentí con la cabeza. "Simplemente estoy cansada. Ha sido un largo día."

Por fin llegó el tiempo de irme, y llamé a Holly para hacerle saber que llegaría tarde a casa. Entonces me fui manejando —en realidad, no fue una idea muy brillante— directamente hacia el hospital local.

El doctor que me examinó rápidamente me realizó un electrocardiograma. Debes creerme, tener cables atados por todo tu cuerpo y estar conectada a una máquina que suena a cada momento te ubica el significado de la vida en la perspectiva correcta.

Mi presión sanguínea estaba tan peligrosamente alta que el doctor estaba más preocupado porque tuviera una embolia que un ataque al corazón. Me dio una medicina amarga para que la colocara bajo mi lengua, mientras seguía pensando en Jay y Holly.

Tras dos horas de exámenes, decidiendo que después de todo no iba a tener un ataque al corazón y luego de bajar mi presión sanguínea al extremo alto del nivel normal, el doctor me dio los nombres de dos especialistas del corazón para exámenes de seguimiento.

Entonces me dijo: "Hábleme de su vida".

Hice una sonrisa torcida. "No hay mucho que contar. Soy una madre sola, criando sola a dos adolescentes, y añádale de 12 a 16 horas de trabajo diarias."

Asintió con la cabeza. "¿Quiere que la admita en el hospital por unos días para que pueda tener un respiro?"

Sacudí la cabeza. "No. Duermo mejor en mi propia cama", le dije. "Pero le prometo quedarme en casa después del trabajo mañana y ver al especialista tan pronto y como él pueda atenderme."

Entonces, me dejó ir. En el momento en que salí por la puerta del hospital, mentalmente dejé Nueva York, sabiendo que era sólo cuestión de tiempo que volviera a tomar control de mi vida. Pero mudarme a un empleo nuevo y un estado nuevo no resolvió inmediatamente mi problema. ¿Sabes lo que he aprendido? El cielo no está aquí: no está en ningún lugar en la tierra. Así que, dondequiera que te encuentres, cuídate tanto como cuidas a tus hijos.

Permitirnos volver a reír es buena medicina

Darnos permiso para volver a reír es difícil, especialmente para aquellas de nosotras que fuimos criadas para cuidar de otros y para quienes la vida era un asunto serio.

Proverbios 17:22 nos dice: "Gran remedio es el corazón alegre, pero el ánimo decaído seca los huesos". Pero aunque conocía esta verdad, parecía que nunca podría permitirme reír de nuevo como antes.

Pero la risa regresó. Y recuerdo cuándo sucedió. Un pariente estaba contando una anécdota de sus experiencias estrafalarias. Por mucho tiempo había olvidado la historia que el contó, pero recuerdo una pequeña sonrisa dibujándose en mis labios mientras escuchaba. En ese momento, hice una decisión consciente de rendirme a una gran carcajada.

La risa no es sólo necesaria para crear vínculos con amigos, pero también para una buena salud. Gracias a la ciencia moderna sabemos que la endorfina —una forma de medicina del propio cuerpo— es secretada del cerebro cuando reímos.

Reír no sólo nos alivia de tensiones diarias, sino que también crea recuerdos maravillosos, tanto en nosotros como en nuestras criaturas jóvenes. Uno de mis amigas ancianas dice que ella nunca escuchó a su abuela reír y esporádicamente la observó con una pequeña sonrisa, y sólo con otro adulto. Me contó eso antes de que Jay y Holly tuvieran cinco años, así que me pregunté, *si muero ahora, ¿qué recordarán ellos de mí?* No me gustó lo que parecía ser la respuesta obvia: *"¡No hagan regueros!"*.

Decidí ahí mismo buscar maneras de ser más divertida. El punto de partida obvio fue cambiar mi actitud, así que me recordé a mí misma que Jay y Holly estaban todavía niños y que no eran adultos en miniatura. Así que era necesario para ellos no sólo payasear y ser tontos, pero también estaba bien que yo disfrutara de sus tonterías y riera con ellos.

Los niños de Laura tenían las edades de 3 y 4 cuando su padre se fue. Reír era lo último que Laura quería hacer, pero ella también sabía que no podía sentarse en el cuarto más oscuro de la casa y esperar que sus hijos estuvieran callados también. Una noche, en desesperación, cubrió una mesa de jugar cartas con una sábana y le sugirió a los niños que jugaran "a los indios".

En unos pocos minutos, el de cuatro años sacó su cabeza debajo de la mesa y gestionó a Laura para que se uniera a ellos. Abrió su boca para decir: "No, mejor jueguen ustedes". Pero, en lugar de esto, dijo: "¡Por supuesto!", y disfrutó tremendamente las bobadas y la risa con sus hijos. Se soltaron a la risa y la alegría de su tiempo juntos y esto fue ciertamente "buena medicina" para todos ellos.

¿Y qué de ti? ¿No es tiempo que encuentres maneras de aliviar tu carga?

Repasemos con sensibilidad

→ Saca ánimo y fuerza de las Escrituras. Muchas mujeres de la Biblia también se enfrentaron a situaciones imposibles, pero salieron victoriosas.

→ No te rindas. Haz un esfuerzo extra.

→ Reclama Isaías 54:5. Recordar que Dios mismo es nuestro esposo nos ayuda a aliviar nuestra carga.

→ Invoca la protección del Señor y la de sus ángeles.

→ Ora ¡mucho! El Señor nos ayuda, pero tenemos que pedirle.

→ Mantén rutinas de familia. La estructura suele ayudarnos a atravesar los momentos difíciles.

→ Sé realista en tus expectativas hacia los demás. Nadie, sino el Señor es todo lo que necesitamos.

→ Conoce lo que tienes que evitar. Abrigar envidia, celos, fantasías y cosas como éstas sólo aumentan nuestro dolor. Desear lo que no tenemos puede hacer que perdamos el gozo por las cosas que sí tenemos.

→ Prueba ayudar a otros. Haciéndolo encontramos paz para nosotras mismas.

→ Debes estar dispuesta a hacer cambios. Prueba nuevos enfoques, asume riesgos ocasionalmente, atrévete a hacer algo diferente y celebra de forma diferente. Y busca un enfoque consolador: ser madre sola también tiene sus tiempos felices.

→ Cuida tu salud. Estamos tan ocupadas haciendo malabarismos con nuestras responsabilidades y cuidando de nuestros hijos que con frecuencia olvidamos ser buenas con nosotras mismas también.

→ Date la oportunidad de volver a reír. "Gran remedio es el corazón alegre."

Capítulo 2

Entonces, ¿cómo manejamos la soledad?

*Más bien, sean ustedes santos en todo
lo que hagan, como también es santo quien
los llamó; pues está escrito: «Sean santos,
porque yo soy santo».*

1 Pedro 1:15-16

Mientras entraba en mi segundo año de madre sola, amigos bienintencionados me preguntaron, cuándo me casaría de nuevo. Contesté sonriendo que no pensaría siquiera en eso hasta que alguien apareciera con una docena de rosas. Y cambié de tema.

Esa noche recordé mentalmente la conversación —sabiendo que con frecuencia cubro la verdad con humor— y me hice una pregunta difícil: *¿Realmente podría ser atraída por el primer hombre que me entregara rosas?*

Mientras admitía que él podría al menos llamar mi atención, tomé una importante decisión: plantaría mi propio jardín.

La siguiente mañana, estaba en nuestra tienda local de jardinería llenando el maletero de mi auto con rosales y bolsas de tierra fértil. Por varios de los siguientes meses, podé y rocié rosas, y las puse por toda la casa, callada y maravillada por la satisfacción de obtener esas flores fragantes y brillantes.

Lentamente, comencé a "plantar mi propio jardín" también en otras áreas de mi vida, hasta dar nuevos pasos hacia una nueva carrera en la edición y como conferencista. Si hubiera esperado a que alguien me trajera rosas —y me "rescatara" de mi estado de estar sola— me hubiera perdido el increíble rumbo que mi vida ha tomado durante varios años.

Escúchame: no me propongo pontificar sobre vivir permanentemente sola. Más bien intento estimularte a buscar la dirección del Señor, en lugar de rendirte a un deseo desesperado de ser rescatada. Si deseas volver a casarte y ser parte de una nueva familia, hazlo. Pero deja que el Señor te sane primero: por favor, no esperes que aparezca alguien con las "rosas" de la vida.

CASARSE DE NUEVO O NO, ES UNA DECISIÓN INDIVIDUAL

Lo admito, tomé una decisión difícil cuando decidí poner "en espera" durante 10 años todo pensamiento de volver a casarme. Y aunque no es la decisión que toda madre sola tomaría, yo sé que fue la correcta para mí.

¿Por qué 10 años? Bueno, las mujeres de mi familia tienen un historial de longevidad, así que solía bromear que planeaba vivir hasta los 102, y entonces morir al inhalar el humo cuando soplara todas las velas de mi torta de cumpleaños. Y por cuanto creo en el concepto del diezmo según el Antiguo Testamento, decidí diezmar mi propia vida. Así que escogí 10 años para aprender más acerca del Señor y de mí misma. Después de todo, he sido la hija de Mitch, la esposa de Don, la madre de Jay y Holly; ahora quiero encontrar a Sandra Aldrich. Y lo hice. Oh, ella es muy animada y tiene demasiada tendencia a "disparar por su boca", pero es graciosa y fuerte y, a veces, hasta sabia. Y nunca la hubiera encontrado a ella si me hubiera entregado a otra relación en aquellos tempranos días de madre sola.

Creo genuinamente que mi vida nunca hubiera tomado el rumbo que tomó si me hubiera conformado con lo que mi familia, e incluso la sociedad, esperaban de mí, en lugar de lo que Dios quería para mí. Y creo que Dios quería darme más de sí mismo, no otro esposo.

También estaba convencida de que el Señor me estaba preparando para otra carrera, y sentí la seguridad de que un segundo esposo me hubiera convencido de volver a dar clases en la escuela secundaria.

Además, he visto muchos problemas en los segundos matrimonios. El índice de divorcio en el país es un 50 por ciento para el primer matrimonio y de un 70-80 por ciento para el segundo matrimonio. Yo no quería ser parte de esas estadísticas. Así que, reconociendo que el índice de mortalidad del segundo matrimonio es más alto que el del primer matrimonio, determiné salvarme a mí misma del riesgo de meterme en ese lío.

También tuve miedo de que otro esposo pudiera ser malo con Jay y Holly, y eso era algo que ninguno de nosotros necesitaba. El viejo adagio de que "el amor es mejor la segunda vez" puede ser o no cierto. Pero es definitivamente más difícil para las familias mezcladas.

Pero, después de haber dicho todo esto, ¿estaba en realidad escondiéndome de la vida, como un amigo me acusó de hacer? No, he escudriñado mi corazón, y puedo decir sinceramente que no lo estaba. Más bien, estaba utilizando la fuerza del Señor para reconstruir mi vida. Y Él ha continuado haciendo exactamente eso.

Pero tus familiares y amigos se entremeterán en el acto

En la cultura sureña, se espera que las mujeres se casen de nuevo, así que yo con frecuencia trataba de razonar con mis tías y primos que hacían comentarios en cada reunión familiar. Para no decirles lo que realmente pensaba —¡*No es asunto tuyo!*— con frecuencia citaba para mis adentros Proverbios 15:1: "La respuesta amable calma el enojo, pero la agresiva echa leña al fuego".

Mi amiga Rosa finalmente me ayudó a romper con la trampa de la ira cuando dijo: "Le das demasiado crédito a la gente cuando piensas que *realmente* le interesan tus decisiones. No es así, cada uno está demasiado metido en sus propios problemas."

Sonreí aliviada. Decidí que estaba en lo correcto y rápidamente paré de preocuparme por los comentarios de los demás sobre volver a casarme. Sorprendentemente, tan pronto dejé de discutir con los familiares y de evadir el tema de un nuevo casamiento, todos los demás encontraron gradualmente otros temas más interesantes de conversación.

Una amiga incluso dijo que admiraba el hecho de que estuviera *haciéndome cargo* de mi propia vida en lugar de limitarme a *reaccionar* ante cualquier cosa. Entonces se inclinó hacia mí: "Pero no pongas en una cajita a Dios y su futuro para ti".

Pensé acerca de eso durante varios días y luego oré: "Señor, tú sabes que sólo quiero para mí lo que tú quieras. Pero si puedo tener mis preferencias, prefiero mantenerme sola. Todo lo que necesito son amigos que me sonrían cuando entro en una habitación".

Ahora que ya he sobrepasado la meta de los 10 años, ¿me arrepiento de mi decisión? Ni por un minuto.

No te quemes cuando se reavivan viejas llamas

Estaba contenta de haber tratado con esos varios asuntos el primer año de madre sola, porque una mañana de otoño desperté con el pensamiento de *apartarme para Dios. Ser santa.* La idea era tan imperiosa que, de inmediato, comencé a orar por fortaleza para enfrentar cualquier tentación que viniera en mi camino. En lo profundo de mis entrañas, sabía que mi promesa sería puesta a prueba.

No tuve que esperar mucho. Un par de semanas más tarde, un antiguo novio —al que llamaré Will— regresó a mi vida. Él me había contactado un poco después de que murió mi esposo, pero yo había ignorado su nota. Ahora me había escrito de nuevo, firmando con un simple "los amigos no se olvidan".

Tampoco contesté esa nota, pero me consumía durante semanas. Encontraba mi papel de madre sola mucho más difícil de lo que había imaginado. Y no había todavía aprendido a estar cómoda con el silencio que Jay y Holly dejaban al irse a la cama. Más de una vez recorría la casa de un lado al otro después que se habían dormido, agradeciendo que Will y yo nunca hubiéramos intimado para complicar mis emociones mucho más, y contenta de que él estuviera a varios estados de distancia.

Y ahora Will me estaba diciendo suavemente en el teléfono: "Déjame regresar a tu vida".

Tartamudeé: "Pero no soy la misma persona que conociste años atrás. Aparte de esto, he subido de peso".

Will se rió entre dientes. "Has subido *mucho* de peso. Pero eso nunca me ha importado. Siempre he pensado que eres sensacional."

Mis pensamientos estaban en la jungla. *¿Un hombre estaba diciendo que las libras extra no importaban? ¿Y cómo sabía él cómo lucía* ahora? No habíamos hablado desde un domingo por la tarde, 18 años atrás, cuando estrechó la mano al hombre que luego vino a ser mi esposo y le dijo que fuera bueno conmigo.

Además de mi trastorno emocional, estaba la historia de Will sobre su divorcio de su esposa alcohólica y su admisión de que él también había tenido problemas con la bebida en los primeros años de su matrimonio. Y le escuché decir que yo había sido la causa de todo eso: "Me di fuertemente a la botella luego de que rompimos nuestra relación", dijo por teléfono.

¿Rompimos nuestra relación? Y todo este tiempo había pensado que había sido él quien terminó *conmigo*. Obviamente, habíamos sido dos niños ingenuos que necesitábamos resolver este asunto antes, pero no había nadie que nos ayudara a comunicarnos.

Ahora que estoy a este lado del trauma, sacudo la cabeza al pensar todo lo que pasé en el pasado. Aquellos años fueron duros, pues estaba experimentando emociones conflictivas por el giro que la vida de Will había tomado y por la falsa culpabilidad que sentí por su decisión de resolver su decepción a través del alcohol.

Sabía que no podía regresar al pasado y arreglar el dolor pasado de Will, y ciertamente no quería que Jay y Holly tuvieran que bregar con traumas que estuvieron en escena mucho antes de que ellos nacieran. Así que no había nada que hacer sino descansar aun mucho más en el Señor y confiar en Él para que sacara algo bueno de mi confusión. Parte de lo bueno que Él sacaría de esto, sentí, sería usar mi experiencia para animar a otra madre sola, también confundida, batallando con la decisión de si debería reconstruir su vida con un antiguo novio.

Durante ese periodo difícil, compré una tela para bordar que luego colgué en la pared, en la cual bordé: "Señor, tengo un problema: soy yo. Hija, tengo la respuesta: Soy Yo".

Gramaticalmente, quizás la expresión no fuera correcta, pero teológicamente, era perfecta para mí. Con brillantes colores verde y naranja bordé flores alrededor de las palabras en marrón y suspiré una oración con cada puntada.

Además de la oración, me dediqué al estudio de la Palabra de Dios. Me uní a un estudio bíblico de la comunidad, y aún disfruté comprando la obra completa del historiador Josefo, la *Concordancia Exhaustiva de la Biblia* de Strong y la Nueva Versión Internacional de la Biblia.

Luego, para una entrega aún mayor, escribí estas palabras en el frente de mi nueva Biblia:

> ¡Señor, estos nuevos libros de texto y Biblia, que acaban de llegar, me llenan de gran gozo! Cuán agradecida estoy de poder estudiar *tu* Palabra. También te digo con franqueza que abrazo esta Biblia contra mi pecho y te pido que me llenes de ti mismo, para que cualquier otra cosa arda en el fuego. Quiero hacer sólo lo que tú quieres que haga.

Cuando escribí esas palabras, confiaba en que Él quemaría en mí mucho más que mi obsesión con Will. Después de todo, una vez que le hemos pedido algo al Señor, Él no lo deja sin terminar. Pero tampoco hace solamente lo que esperamos que haga.

Quemar cierta gente, el amor por las cosas, la necesidad de un ambiente familiar y de controlar totalmente mi entorno, no sucedió de un día para otro. Después de todo, todas esas relaciones tardaron años en desarrollarse. Pero Él estaba obrando en mí, creando una mujer nueva.

Mientras tanto, el Señor estaba poniendo en movimiento cosas en la Costa Este, preparando el camino para que finalmente me mudara allá. A causa de mi dolor por la manera en que el matrimonio de Will había sido destruido por el alcohol, había comenzado a trabajar con Jim Broome, cofundador de Alcohólicos para Cristo, con sede en Detroit. Había escrito un artículo, "Qué detiene a un alcohólico", que resumía muchos de los principios que Jim me enseñó.

Esas 2,000 palabras dieron lugar a que una revista cristiana de Nueva York me ofreciera un puesto en su editorial. Acepté rápidamente, y comencé una nueva carrera que no hubiera sido posible si me hubiera conformado con menos de lo que el Señor había planeado.

Así que, recuerda, si estás enfrentando tentaciones, mantente hablando con el Señor acerca de todo, mantente firme y "sé santa" (1 Pedro 1:16).

¡Cuando Efesios 3:20 nos dice que "[Cristo Jesús] puede hacer muchísimo más que todo lo que podamos imaginarnos o pedir, por el poder que obra eficazmente en nosotros", es cierto!

Quizás a ti no se te pida aceptar un cambio de carrera a los 40, ni que te mudes a 800 millas de distancia. Pero el Señor disfruta dándoles regalos a sus hijos. Así que, ¿quién sabe qué aventuras tienes por delante?

PARA ALGUNAS MADRES SOLAS CASARSE DE NUEVO ES UNA OPCIÓN

Si tienes prisa ve despacio; la soledad puede ser una trampa

Estoy asombrada por el número de mujeres que tratan de acallar su soledad corriendo hacia —y manteniéndose en— una relación triste e insalubre. ¡Que trampa tan horrible! Y durante todo el tiempo, se siguen diciendo a sí mismas que las cosas van a mejorar. Pero nunca sucede.

Aprendí lo ilógico de ese tipo de mentalidad años atrás, cuando traté de tomar un atajo de regreso a casa una bella mañana de otoño. En mi día libre, había llevado a Jay y a Holly a la escuela. Como era un día tan agradable, decidí dejar el auto en el estacionamiento y caminar tres millas de vuelta a casa. Todo cuanto tenía que hacer era bajar por la entrada de la escuela hacia la calle Joy, doblar a la derecha en la calle Lilly y seguir hasta casa.

Pero, miré a través de un campo verde hacia mi derecha. *Mmmm, si pudiera cruzar por ahí, llegaría a la calle Lilly mucho más rápido, y el rocío de la grama sólo humedecería un poquito mis zapatos.*

Así que comencé a atravesar el campo, disfrutando de la bella mañana. Mis zapatos y medias pronto estuvieron mojados. La hierba era más profunda de lo que había pensado, pero seguramente que no se pondría más profunda, me decía a mí misma. Seguí adelante.

Luego de unos pocos metros, me percaté de que el campo tenía una pequeña cuesta abajo. La hierba, que se veía a la altura de los tobillos desde el estacionamiento, ahora me estaba llegando a las rodillas.

Me detuve, mirando cuidadosamente a las varias yardas de hierba por las que me tendría que abrir camino para llegar al otro lado del campo. *Bueno, no hay manera de que se ponga peor de lo que ya está*, pensé. *Mis zapatos, medias y pantalones ya están empapados. Seguiré adelante de una vez.*

¡A menos de doce pasos, sin embargo, el piso pareció desaparecer y la hierba llegaba por encima de mi cabeza! Luché fuertemente a través del barranco, sintiendo como si estuviera luchando para salir con vida de una selva en medio de una película de categoría B.

Pero, para entonces, ya había ido demasiado lejos para regresar. Lo peor ya había pasado. Unos cuantos pasos y llegaría al límite del campo, ya en la calle Lilly.

Pero ahora estaba empapada de pies a cabeza con el fuerte rocío. Pero, bastante segura, mientras seguía adelante, la hierba volvía a hacerse más corta. Estaba por mi cintura, mis rodillas y finalmente casi sobre mis zapatos. ¡Era libre!

Pero mi regocijo tuvo corta duración. Más adelante, había una hondonada llena de barro. Me detuve varios minutos, mirando la cuesta barrosa del otro lado, que sería imposible subir, aunque pudiera bajarla sin peligro por el otro lado.

En un momento de salvaje fantasía tipo Tarzán, investigué un gran árbol cercano, buscando una rama con la que me pudiera columpiarme hacia el otro lado. ¡Nada!

Miré hacia atrás, al campo lleno de hierba por donde había venido. No quería volver a abrirme camino a través de eso. *Ciertamente puedo trepar a este árbol de alguna forma, y no, nunca encontrarían mi cuerpo antes de la primavera.*

En este punto no podía hacer nada sino volverme y regresar por esa hierba mojada y que daba miedo. Entonces, me dirigí de regreso a la casa, pero en peor estado de lo que me hubiera hallado si hubiera tomado al comienzo el camino largo.

Pero algo bueno salió de esta experiencia. Ahora, cuando soy tentada a buscar la manera fácil de salir de las situaciones, hago primero una larga y profunda observación. Eso invariablemente me guarda de la tentación.

Asegúrate de que te vuelves a casar por las razones correctas

Millie, una madre sola que se recupera de su pérdida, es como muchas otras chicas solas: se siente mejor consigo misma si tiene un hombre a su lado. Para ella, eso significa: "Oye, debo estar haciendo lo correcto. Tengo un hombre a mi lado".

Lo que ella no ve es que él es grosero con ella y la rebaja frente a sus amigas. Es de las que están convencidas ser una buena influencia para él y que a la larga "él cambiará".

Jugamos a ser una figura mesiánica. Realmente Millie no está sola. No es inusual para las mujeres —especialmente aquellas de nosotras que somos emprendedoras— tratemos de arreglar los problemas de otros. Las mujeres emprendedoras tienen que *hacer*. No sólo seguimos tratando de corregir los errores de las vidas de otra gente; también queremos arreglarlo *todo*.

Esa mentalidad de "tengo que arreglarlo" es lo que nos hace a todas las emprendedoras maravillosas maestras, trabajadoras sociales, doctoras y enfermeras. Danos una situación que necesite arreglo, y traspasaremos una pared de ladrillos si es necesario para corregir el problema. Nuestra mentalidad de "podemos salvar el mundo" tiene un nombre: el complejo de Mesías.

Pero el mismo sentimiento que nos impulsa a arreglarlo todo, lleva a algunas mujeres a hacer inapropiadas elecciones de compañero. Y todas conocemos mujeres como éstas: solitarias, cada una buscando un esposo y tomando decisiones incorrectas, pensando que el próximo hombre seguramente será el que su vida sea mejor. Esta vez, se dice a sí misma, *todo será magnífico.*

Ella está sola y preguntándose a dónde se han ido los hombres buenos. Cuando conoce a uno nuevo, a la larga lo acepta en su cama en nombre del "amor" y luego termina con un sentimiento de haber sido usada otra vez.

Estamos esperando al príncipe azul. En contraste con la mentalidad tipo Mesías que busca rescatar a los hombres de sí mismos, también muchas otras mujeres solas están esperando ser rescatadas, convencidas de que no estarán completas hasta que sean la media naranja de alguien. Pero si vamos a esperar que alguien —ese hombre perfecto— llene todas nuestras necesidades para poder ser felices, estaremos esperando eternamente que aparezca esa persona mítica.

¿Por qué?

Porque ninguna otra persona podrá completarnos o llenarnos plenamente; sólo Dios a través de Cristo puede hacer esto por nosotros. La verdad es que la autoestima comienza aceptando lo que el Señor hizo por nosotros en la cruz.

MIENTRAS TANTO, ¿DE QUÉ DEBEMOS GUARDARNOS?

Cuando era veinteañera, pensaba que los chicos que duplicaban mi edad estaban físicamente fuera de mi interés para tener una relación. Bueno, ahora tengo esa edad, y he descubierto que un rostro arrugado y un cuerpo que luce cansado no significan que las hormonas también estén arrugadas y cansadas. Esas criaturitas no tienen edad.

Pero no importa lo que las películas nos hayan hecho creer, el mundo está lleno de personas que han aprendido que *podemos* controlar esas profundas urgencias hormonales con la misma autoridad con que controlamos la ira. Y si también somos sabias, discerniremos la diferencia entre el tipo que está interesado en una relación seria y progresiva y el tipo que anda buscando una oportunidad de una sola noche.

Sé cautelosa y "sé sabia"

En mis archivos tengo un recorte sin fecha del periódico *Reporter Dispatcher* (Despacho del reportero) de Monte Kisco, Nueva York. Expresa lo siguiente:

> Cuando una fémina se muestra amigable, los hombres tienden a malinterpretarlo como una invitación sexual, de acuerdo a las investigaciones del psicólogo Frank Saal de la Universidad del Estado de Kansas. En un estudio, Saal tenía las reacciones de 200 estudiantes frente a un video de una estudiante femenina pidiendo una extensión de su trabajo. Las mujeres lo percibieron como un simple intercambio amigable. Saal concluye: "Los hombres tienden a sobresexualizar demasiado lo que las mujeres dicen y hacen".

Como soy naturalmente extrovertida, debo prestar atención a este asunto de cómo perciben e interpretan los hombres a las mujeres que hablamos y actuamos como yo. Me fascina la gente —y me encanta hablar con ella, contarle mis historias descabelladas y reírme de las suyas. Y me regocijo tanto con el gozo del momento —uno de los enfoques esperanzadores que me quedaron de la Escuela de los Golpes Duros— que mi simpatía puede ser malinterpretada, como cuando descubrí que el primer tipo que me invitó a salir era casado.

Él era un mujeriego conocido, y yo estaba desconsolada de que pensara que era *ese* tipo de mujer. Me dije a mí misma que si algo así me sucediera *ahora*, le diría claramente cuán horrorizada estaba por su invitación. Pero entonces, simplemente dije que no creía que fuera una buena idea, cerré la puerta de mi salón de clase vacío y sollocé ante el pensamiento de la desagradable situación —y nuevo mundo— que el ser madre sola me había impuesto.

Desde entonces, he descubierto que mi introducción al mundo de los mujeriegos fue suave. Mis amigas me cuentan historias horrorosas de hombres arrullándolas en el teléfono: "Mi esposa está visitando a su mamá. Apuesto que estás muy sola. Que te parece si voy a tu casa y —umm— hablamos".

Es lamentable que muchos tipos logren tener éxito usando este tipo de acercamientos, porque piensan que *todas* las mujeres solas pueden ser conquistadas tarde o temprano. De la única manera que las mujeres solas van a lograr que los hombres las traten con respeto es exigiendo respeto a través de sus propios estándares elevados.

Cuídate del peligro de una transferencia equivocada

Las mujeres solas hablamos de esos personajes que hemos conocido y nos han dejado un mal sabor, pero y ¿qué de esos otros momentos cuando somos atraídas no por los mujeriegos o lobos merodeadores, sino por alguien maravilloso como el pastor, un compañero de trabajo o un vecino?

Hay un nombre para esto también: transferencia. Toda la energía y atención que previamente había ido hacia el matrimonio tiene que ir ahora hacia alguna parte, así que es dirigida hacia alguien que no es un recipiente apropiado.

Una transferencia errónea puede tentar a la gente sola a hacer comentarios inadecuados y hasta a cometer adulterio. Muy a menudo escuchamos de algún pastor que ha estado aconsejando a una mujer muy turbada y luego tiene un *affaire* con ella, complicando aún mas la vida de la mujer mientras también destruye su propio matrimonio y ministerio.

Lamentablemente, eso mismo sucedió con tres de mis queridos amigos. Cuando escuché las noticias, personalmente quedé anonadada, porque con anterioridad cada uno de ellos merecía mi mayor respeto.

Uno tenía una esposa enferma y comenzó a reunirse con una amiga común para orar por ella. Esa amiga era una joven esposa cansada y poco apreciada que esperaba ansiosamente las reuniones de oración. Muy pronto ya no seguían orando, pero se siguieron reuniendo, y la iglesia fue sacudida por el escándalo.

Otra mujer trabajó en un proyecto de la iglesia con un amigo común. Habían sido amigos durante años y no tenían *planeado* que sucediera nada, pero sucedió. Él perdió su posición en la iglesia; ella perdió el respeto de su esposo, y ambos hubieran dado cualquier cosa para que este *affaire* no hubiera sucedido.

Otro amigo era el "consejero" de la oficina, y quería ayudar a una compañera de trabajo que estaba teniendo problemas con su ex esposo. Comenzó con palabras amables, progresó hacia almuerzos juntos, y culminó en un *affaire*, que le costó a él el liderazgo de la iglesia y el respeto de su comunidad.

Para su desgracia, no habían leído el libro excelente de Lois Mowday titulado *The Snare: Avoiding Emocional and Sexual Entanglements* (*La trampa: Evitar los enredos emocionales y sexuales*). Una de las cosas más importantes que dice es:

> Si tiene un sentimiento especial por otra persona —y esto les sucede a hombres y mujeres piadosos que están casados— domínelo. No dé señales a la otra persona. Si lo mantiene para usted mismo y le pide al Señor que lo ayude a manejar la situación, entonces usted será el único [o la única] involucrado. Pero tan pronto y como le haga señales a la otra persona, entonces él [o ella] estará involucrado. Esto enciende el fuego en mucha gente.[1]

Obviamente, no nos atrevamos a intentar engañarnos a nosotras mismas dando esos primeros pasos que pueden llevarnos a la inmoralidad.

Pero recuerda que las otras mujeres también pueden malinterpretar tus intenciones

Recuerdo el momento en que súbita y agudamente me recordaron otro peligro de ser una madre sola: ser percibida como una amenaza para la felicidad conyugal de otros.

La esposa de un colega me dejó saber y en términos nada ambiguos, que ella no me quería trabajando en un proyecto con su esposo. No le gustaba la manera en que esto se veía. En realidad, lo que quería decir era que no le gustaba la manera en que *para ella* se veía el asunto.

Sus palabras me dejaron momentáneamente paralizada y sin habla. Tropecé de incredulidad ante sus implicaciones, me enterré en mi asiento y observé fuera de la ventana una bella pradera a lo lejos. Parecería que estaba sentada calmamente, pero mentalmente arañaba el aire mientras sus palabras me catapultaban hacia el papel de que podría-ser una rompe-hogares.

Toda la fuerza que tenía había desaparecido, así que ni siquiera pude responder elegantemente "siento mucho que lo sientas de esa manera" y luego dejar el salón con alguna dignidad que pudiera reunir.

Nunca había jugado el papel de "viuda alegre", y ciertamente no soy predadora. No estoy enojada con esta esposa preocupada, puesto que me hizo un favor. Me mostró que ya no soy "la viuda de Don Aldrich", sino "Sandra Picklesimer Aldrich —mujer sola".

Y por ese recordatorio, siempre le estaré agradecida.

Entonces, ¿qué sobre volver a tener citas amorosas?

Una vez que hube sobrepasado la tentación que envolvía a Will, los restantes años regidos por mi pacto pasaron rápidamente con toda la diversión y crisis de las madres y padres solos. De pronto, ambos chicos estaban en colegio, así que acepté una cita para tomar un café con alguien a quien conocía desde cuarto grado. Y, sí, estaba hecha un manojo de nervios decidiendo qué ponerme y recordándole a mi independiente yo que esperara a que él me abriera la puerta del auto.

Ahora, ocasionalmente, ceno fuera o disfruto de una tarde explorando las tiendas de antigüedades de Denver. He descubierto que el escenario de citas amorosas ha cambiado mucho después de todos esos años que he estado "fuera del mercado." Aparte de esto, mientras doy conferencias a través de la nación, escucho demasiadas historias horrorosas de mujeres que se enfrentan a la presión intensa de tener sexo luego de unas pocas citas.

Y, en caso que te lo estés preguntando, me he mantenido célibe todos estos años. No sólo porque todavía no tengo tiempo para toda esta locura, sino también porque los tipos que usualmente me tiran un silbido son los que están ya en los 70 y 80 años. Y de alguna manera, cuando soplan sus dientes para afuera junto con un silbido de lobo, cualquier efecto romántico ya se ha perdido. ¡Por encima de esto, uno de los hombres de mi iglesia me dejó saber crudamente que está buscando una cocinera y sirvienta! Querido, yo escribo libros; no le paso el plumero a chucherías.

Mi vida está demasiado llena ahora para añadir algo más a mi acto de malabarista. Muy bien, muy bien, quizás me recordarás esto cuando oigas que me he escapado con un montañés que toca el banjo.

Sigue adelante y acepta la cita, pero no te apresures a llenar el vacío

Cuando trabajaba en un equipo de consejo para personas afligidas con el Dr. John Canine, un terapeuta del área de Detroit, la gente solía preguntar: "¿Cuándo es el tiempo de volver a aceptar citas?". Él ofrecía como guías las "tres Ces": compañerismo, común interés y compromiso.

Como criaturas sociales, nos necesitamos unos a otros, así que las citas llenan una necesidad, ofreciéndonos alguien con quien hablar, con quien estar, y con quien compartir. Pero con frecuencia todos saltamos de compañerismo a compromiso, dejando atrás un paso importante que son los intereses comunes.

Si el Señor tiene a alguien esperando por ti, muy probablemente él *no* lo envíe a tocar el timbre de tu puerta, a entregarte una docena de rosas y decirte: "Hola, vengo de parte del

Señor". Así que está bien que notifiques a tus amigos que ahora estás lista para volver a salir en citas amorosas. La mayoría de tus amigos y parientes probablemente tiene por lo menos un "chico maravilloso" para ti en su lista de Navidad.

¿Y quién sabe? Él puede ser *realmente* tan agradable como ellos dicen. Pero no te apresures. Y no dejes atrás la conexión de los intereses comunes, incluyendo la fundamentalmente importante fe compartida.

Toma la iniciativa, pero sé selectiva y sensible

También tendrás que iniciar algunos de los encuentros. Pero evita los locales donde se baila y los clubes seculares de solteros. Si quieres conocer a un hombre de Dios, busca en los lugares donde se junta gente de Dios. Comienza tomando parte en la limpieza de primavera de tu iglesia, uniéndote al comité de misiones o enseñando en la Escuela Dominical. Pero ten cuidado aquí también. En una conferencia de solos en Florida, estaba alentando a mi audiencia a que fuera más activa en la iglesia cuando un hombre me interrumpió. Él describió cómo los hombres saben que las mujeres de iglesia son "puras". Así que asisten a los servicios el tiempo suficiente para "explorar el territorio" de mujeres solas y aprenden las frases teológicas correctas que ganan el corazón—y el cuerpo— de ellas. Luego añadió suavemente: "Yo sé de lo que estoy hablando. Yo fui uno de esos tipos". Se me cayó la quijada de incredulidad ante esta revelación.

Si no estás segura de estar lista para meterte de cabeza dentro de la escena de citas amorosas, puedes "probar las aguas" hablando con hombres en situaciones casuales. Es increíble cuánto puedes aprender sobre sus filosofías en general con sólo hacer una pregunta sencilla en una clase de Escuela Dominical.

Recuerdo la mañana en que alguien usó la frase "familia normal", y yo inocentemente pedí una definición. El hombre de tres asientos más adelante, estalló en un arrebato prolongado, en una denuncia amarga y abierta contra las madres que trabajan fuera y condenó a los consejeros cristianos. Nunca me dio su definición, pero por cierto tenía información más que suficiente acerca de él.

Establece tus estándares; y luego mantente firmemente comprometida con ellos

En mi clase de economía doméstica, años atrás en la escuela secundaria, teníamos una unidad sobre las citas. Una de las preguntas era: "¿Debes besar en tu primera cita?". El propósito de este ejercicio era hacernos pensar antes de la cita —y así establecer nuestros límites.

Quizás necesitemos volver a aplicar algo de esa misma mentalidad a nuestras relaciones actuales. Si estás pensando en tener una cita, ¿sabes lo que quieres en un hombre? ¿O cualquiera criatura cálida, que respira te bastaría?

Quizás mi lista de lo que *no* debo buscar en un hombre te pueda ayudar a compilar la tuya.

Nunca te cites con un hombre que no tome en serio al Señor.

Nunca te cites con un hombre a quien no le agraden los niños, especialmente los tuyos.

Nunca te cites con un hombre que se burle de tu trasfondo cultural, sureño o cualquier otro.

Nunca te cites con un hombre que siempre te pide dinero prestado.

Nunca te cites con un hombre que dice que su jefe o su madre o su primera esposa no lo comprendía.

Nunca te cites con un hombre que te dice que tú nunca serás tan buena cocinera como era su madre.

Nunca te cites con un hombre que te llama por el nombre de su perro.

Nunca te cites con un hombre bebedor —especialmente si dice que no puede "controlar" lo que bebe.

Nunca te cites con un hombre que es rudo con los vendedores o con los empleados del restaurante.

Nunca te cites con un hombre que hace alarde de cuánto "recortó" de su declaración de impuestos del año pasado.

Y mi favorita:

Nunca te cites con un hombre que usa un cinturón con hebilla estampada que diga "Hola, querida."

Muy bien, ésa es mi lista de lo que *no* debo buscar en un hombre. Y como te conoces a ti misma mejor que lo que yo te puedo conocer, estoy segura de que puedes hacer tu propia lista de lo que *sí* buscas en un hombre. Así que redacta tu lista, mi amiga, pero primero dedícale bastante pensamiento y mucha oración. Y que Dios te bendiga en tu reingreso a la escena de las citas amorosas.

ENTONCES, ¿CÓMO MANEJAMOS NUESTRAS NECESIDADES SEXUALES?

Una popular película muestra a un hermano que descubre el vibrador operado a baterías de su hermana, mientras busca una linterna. Me molestó no sólo la chabacanería de la escena, sino también la implicación de que es así como una mujer sola maneja sus necesidades sexuales.

Muchas de nosotras hemos encontrado otras y mejores maneras de satisfacer esas necesidades.

Algunos amigos, antes de decidir que yo no tenía esperanzas, preguntaron si ya estaba "viendo" a alguien. Sabía hacia dónde se dirigían, así que les respondí con un rápido "¡No tengo lugar en mi armario o en mi vida para un hombre!"

Pero los que estaban cerca de mí persistirían. Algunas veces hasta se aclaraban la garganta y luego preguntaban: "¿Pero y qué de tus… uumm… *necesidades?*"

Contestaba: "Trato de no pensar en ellas" y prontamente cambiaba de tema.

La cita del pastor de Colorado Springs, Edward K. Longabaugh, puede ayudarme a verbalizar mi meta: "Algunas veces nuestras necesidades tienen que tomar el asiento trasero ante las necesidades de otros, no por debilidad, sino por la fuerza que Cristo nos ha dado".

Y, para mí, esos "otros" eran mis hijos.

La sublimación trabaja si rediriges tu pensamiento

Entonces, ¿qué se supone que hagan los solos? Varios autores tienen diferentes ideas, pero muchos están de acuerdo en que la única actividad que realmente funciona es la *sublimación*. Canalizar la energía sexual hacia nuestro trabajo, deportes u otras actividades sanas resultan en productividad creativa.

En caso de que estés pensando: *¡Oh, sí, claro!*, déjame asegurarte, por experiencia personal, que *es* posible vivir una vida plena sin tener una relación física.

¿Cómo?

Estando fuera de situaciones inapropiadas.

No viendo películas que estimulen esos viejos anhelos.

No leyendo material inapropiado.

Estando lejos del rincón de "Solamente para adultos" en la tienda de vídeos.

Trabajando duro y yendo a la cama bien cansada.

Vertiendo la energía hacia otras actividades, podemos sonreírnos a nosotras mismas ante el espejo y quedar genuinamente realizadas.

La sublimación te permite disfrutar la compañía de otros

A pocos meses de vivir sola, me desperté temprano un sábado y no pude volver a dormir mientras recordaba los sábados por la mañana de tiempos atrás. Decidida a pensar en otras cosas, me pregunté: *¿Qué te gustaría hacer realmente este verano?*

El pensamiento más increíble me burbujeó: *¡Visitaré una familia Amish tradicional!* Con mis antecedentes campesinos, siempre he admirado los hábitos de trabajo de los Amish y su cuidadosa preservación de las formas antiguas. Y quizás también los envidie. Pero cualesquiera que sean mis razones, me alegro de haber escogido una nueva aventura en lugar de encerrarme en lo que estaba extrañando.

Un par de semanas más tarde, a través de la red de contactos de unos amigos de Indiana, Jay, Holly y yo fuimos invitados al hogar de una gran familia Amish. ¡Que día tan increíble!

Durante algunos años desde entonces, familias Amish nos recibían gentilmente a los tres dentro de sus hogares. El punto culminante de una visita fue cuando la matriarca insistió en que nos quedáramos para la cena del domingo. Veinticinco de nosotros estábamos sentados en una mesa ancha llena de platos suculentos que recordaba de los días en que crecía en una granja.

Mientras enmantecaba un panecillo, me maravillaba de que aquella sublimación de ese sábado tiempo atrás hubiera resultado en esta amistad maravillosa. Y la hubiera perdido completamente si hubiera escogido la manera mundana de relajar las tensiones sexuales.

Escoge tu camino

Éste fue otro capítulo largo. Pero espero que su longitud te recuerde cuán importante es este tema. Cada decisión sexual que tomes hoy te sitúa en un camino específico para el mañana. Así que asegúrate de que el camino es llano y plácido en lugar de pedregoso y enmarañado con hierba silvestre.

Repasemos con sensibilidad

→ Si deseas volver a casarte, es una decisión que debes tomar tú. Pero reconoce que tus amigos y parientes pesarán en el asunto, lo quieras o no.

→ Viejas amistades pueden traer nuevas promesas. Pero cuida de no quemarte cuando se reavivan o inflaman viejas llamas.

→ Nuestra autoestima como madres solas comienza aceptando lo que el Señor hizo por nosotras en la cruz. Si vamos a esperar que otro —ese hombre perfecto –satisfaga nuestras necesidades para que podamos ser felices, estaremos siempre esperando a que llegue esa persona mítica.

→ Para ti, volver a casarte puede ser una opción válida. Pero no permitas que la soledad te catapulte hacia una relación incorrecta. Si te casas de nuevo, hazlo por las razones correctas.

→ Ten presente que los hombres tienden a sobresexualizar lo que las mujeres dicen y hacen.

→ Ten presente el riesgo de transferencia. Toda la energía y atención que habían ido hacia el matrimonio tienen que ir ahora hacia otro lugar. Pero no la dirijas hacia alguien que no es un recipiente adecuado.

→ Recuerda que uno de los riesgos de ser madre sola es ser percibida incorrectamente por otra mujer como una amenaza para su propia felicidad conyugal.

→ Cuando vuelvas a tener citas amorosas, ora intensamente y muévete cautelosamente.

→ No te apresures a llenar el vacío. Cuando vuelvas a tener citas, recuerda las "tres Ces" de una buena relación: **c**ompañerismo, **c**omún interés y **c**ompromiso.

→ Cuando entres en la escena de las citas amorosas, puedes elegir tomar la iniciativa, pero mantente selectiva y sensible.

→ Establece tus estándares y mantente firmemente adherida a ellos.

→ Si volver a casarte no es para ti, la sublimación lo es. Dios puede suplir nuestras necesidades, no mediante nuestras debilidades, sino mediante la fortaleza que Cristo nos ha dado.

→ La sublimación opera si redirigimos nuestros pensamientos. Pregúntate a ti misma qué es lo *realmente* importante. Entonces encuentra maneras de incluir esas cosas en tu agenda.

→ Recanalizar la energía sexual hacia el trabajo u otras actividades sanas resulta en productividad creativa y sentido de satisfacción genuino. Y puedes seguir disfrutando de la compañía y amistad de otros.

Notas

1. Lois Mowday, *The Snare: Avoiding Emotional and Sexual Entanglements* (Colorado Springs, Co:NavPress) p. 182

CAPÍTULO 3

Culpa, ¿quién la necesita?

Si confesamos nuestros pecados, Dios, que es fiel
y justo, nos los perdonará y nos limpiará
de toda maldad.

1 Juan 1:9

La culpa y yo somos viejas amigas. ¿Cómo llegó? Porque, como tú, soy una madre sola y tuve que trabajar duro mientras mis hijos vivían en casa. De hecho, sigo teniendo que trabajar.

Cada vez que me sentía culpable de no estar en casa con mis hijos, pensaba en una viuda que conocí en Kentucky en una reunión de familia. Su esposo se había lastimado en las minas de carbón cuando sólo tenía 23 años —esforzó excesivamente su corazón por empujar una carretilla cargada de carbón fuera del camino, decía ella— y murió un par de años mas tarde.

Ella no tuvo otro remedio que ir a trabajar como empleada doméstica, y les entregó a sus padres sus hijas de dos y cuatro años de edad para que se las criaran. Las veía sólo una vez al mes durante varios años.

Como ella, la mayoría de nosotras tampoco podemos escoger. Debemos trabajar.

Y con todas las otras cosas que debemos atender, no tenemos necesidad de echarnos culpas extra sobre nosotras. Otros lo harán por nosotras con bastante facilidad. ¡Así que sencillamente aceptemos el hecho de que algunas cosas son como tienen que ser, y tomemos cualquier momento extra que podamos para nosotras y nuestros hijos!

TRES TIPOS DE CULPA

Antes pensaba que la culpabilidad venía de un solo sabor: el tipo común de vainilla, que me decía que nunca podría hacer lo bastante por mis hijos. Pero a través de los años, aprendí que viene en tres sabores: verdadera, impropia y falsa.

La culpa *verdadera* aparece cuando hemos hecho algo incorrecto y debemos pedir perdón. Como cuando acusamos a nuestros hijos de mala conducta antes de investigar la historia completa.

La culpa *impropia* sucede cuando nos culpamos a nosotras mismas por algo que hizo otra persona. Por ejemplo, un niño de 12 años disfruta yendo y viniendo de la escuela en bicicleta todos los días. No pensamos mucho en eso, hasta que es atropellado por un auto. Entonces su madre, sentada junto a él en la cama del hospital, piensa: *Esto no hubiera ocurrido si yo lo hubiese llevado a la escuela. Es mi culpa.* No, la culpa es del idiota que no respetó el semáforo.

La culpa *falsa* a menudo puede ser identificada por las palabras "debería" y "debo". Por ejemplo: "Debería sacar a mis hijos afuera esta Navidad para compensar lo que han perdido. Después me preocuparé de cómo pagarlo" o "Debo hacer todas las tareas domésticas yo misma, porque mis hijos ya tienen suficientes dificultades en la vida".

Esta falsa culpa es con lo que la mayoría de nosotras lidiamos todo el tiempo. Y es una cosa horrible.

LA CULPA IMPUESTA POR OTROS

Volví a enseñar cuando Jay tenía menos de un año de edad. Y una de las mujeres con quienes trabajaba en la guardería infantil de la iglesia siempre se regodeaba diciéndome: "Te vas a perder sus primeros pasos".

A medida que Jay comenzó a pararse y abrirse camino a través de la sala agarrándose del sofá y las sillas, tuve terror de que la nana —y no yo—atestiguara el hito de sus primeros pasos y comencé a orar diariamente sobre esto. En alguna parte en medio de esas oraciones, me llegó el pensamiento de que aunque no presenciara esos primeros pasos, habría muchísimos otros comienzos en los cuales regocijarme.

Y entonces, una tarde ya avanzada, mientras estaba preparando la cena, Jay, de 13 meses, caminó a través de la cocina usando la pared para sostenerse. De repente se rió tontamente, soltó la pared y dio tres grandes pasos directamente hacia mis brazos abiertos.

El siguiente domingo en la iglesia, había acabado de ponerme el delantal de la guardería infantil cuando mi compañera entró relampagueando. "¡No puedo creerlo!", gruñó. "Anoche fuimos a la boda de mi primo y dejamos a Becky con una niñera por primera vez. Y dio sus primeros pasos cuando no estábamos."

Asombrosamente, no me alegró que lo que me había deseado a mí le hubiera acontecido a ella.

Culpa generada por estereotipos

También recuerdo una tarde de invierno en Nueva York cuando nuestra compañía cerró temprano por causa de una inminente tormenta. Llegué a casa 30 minutos antes que el autobús de Jay y Holly, así que rápidamente preparé masa para galletas de chocolate.

Nunca olvidaré la expresión de sorpresa en la cara de mis hijos adolescentes cuando abrieron la puerta y descubrieron que estaba allí para saludarlos. Apenas habían sacudido la nieve de sus abrigos cuando exclamé: "¡Y he hecho galletas! ¡Soy una mamá otra vez!".

Aún ahora, ése es uno de nuestros chistes familiares. Obviamente, estaba tratando de encajar en la idea de alguien sobre lo que las "buenas madres" deben hacer. Pero, como madres solas, no podemos manejar exitosamente nuestras responsabilidades si dejamos que otros amontonen culpa en nuestros hombros ya sobrecargados.

La culpa explotada por nuestros hijos

Jay y Holly descubrieron rápidamente que puedo manejar una crisis, pero no una culpa. No sólo usaron la carta de la culpa para su propia ventaja, sino que fue así como adquirimos a Petey, el gato atigrado que se adueñó de nuestra casa.

Por meses, Jay y Holly habían estado pidiendo una mascota, especialmente porque recordaban nuestros animales anteriores. Primero les expliqué pacientemente nuestro horario de actividades, diciéndoles que no era justo para un animal dejarlo solo tanto tiempo.

Ellos me contradecían diciendo que a los gatos les gusta estar solos. Volví a decir que no.

Describían la nueva camada de gatitos del vecindario, añadiendo que los pondrían "a dormir" si no se les encontraba pronto un hogar. Me mantuve inconmovible.

Finalmente, Holly me miró con ojos tristes. "¿Cómo es posible que cuando te pedimos un gatito, siempre digas que no? Pero la *primera vez* que le pedimos a papá, el dijo que sí."

Sabía que había perdido. "Vete a buscar tu gatito, Holly."

Ambos ya estaban saliendo por la puerta antes de que hubiera terminado de decirlo.

¿Tiempo flexible o niños encerrados?

Siendo madres solas, mucha de nuestra culpa es causada por la cantidad de tiempo que tenemos que pasar lejos de nuestros hijos mientras nos ganamos el pan de cada día. Al ofrecer horarios flexibles a las madres trabajadoras, los empleadores disminuyen grandemente nuestra culpa porque reducen el tiempo que estamos lejos de nuestros hijos. Y los empleadores, al mismo tiempo, se benefician de que sus empleados tengan la moral alta.

Recuerdo un programa de televisión que vi cuando era chica, sobre una mujer pionera y su bebé que habían sido capturados por los indios. La mujer rogó por la vida de su hijito, diciendo que ella haría lo que el guerrero indio le pidiera si dejaba a su hijo con vida. Él mató al niño de todos modos.

Salí del cuarto molesta y refunfuñando acerca de la estupidez del hombre. Naturalmente, el resto del programa consistiría en los problemas que la mujer le daría al guerrero-captor por haberla privado de su hijo.

Aunque era una niña, comprendí el principio que el guerrero no comprendió: déjennos a las mujeres cuidar lo que es importante para nosotras y también cuidaremos de lo que es importante para nuestros hombres, incluidos los jefes masculinos.

Pide tiempo flexible en tu trabajo

Cuando nos mudamos a Nueva York, mi horario de trabajo empujó a Jay y a Holly al mundo de niños encerrados en casa. No estaba manejando muy bien la rutina, así que lo conversé con mi jefe. Me dejó comenzar mi trabajo más temprano para que pudiera llegar a casa sólo una hora después que ellos. Eso no sólo ayudó grandemente mi situación de familia, sino que la compañía también obtuvo horas extras de mi parte, porque trabajaba habitualmente en la hora de mi almuerzo.

Les guste o no, las mujeres cristianas *están* trabajando fuera del hogar, y las organizaciones cristianas en particular deberían servir de ejemplo ofreciendo horarios flexibles para las que lo quieran. No estoy deseando pararme frente el Señor para darle cuentas de cómo crié a mis hijos. Pero espero que muchos de mis jefes puedan pararse ahí conmigo.

Investiga la posibilidad de que haya guardería

La mayoría de nosotras nos cansamos de luchar con la culpa; no necesitamos añadirle la preocupación. Un centro de cuidado infantil puede aliviar grandemente las preocupaciones de una madre que trabaja —particularmente la preocupación de una madre de preescolares— si el centro de cuidado infantil es bueno y su costo razonable. Si tu área de trabajo no tiene una guardería, ora mucho y busca en los alrededores para ver lo que está disponible en tu área.

Aquí te doy algunas sugerencias dignas de consideración.

- ¿Hay algún centro de cuidado infantil operado por una iglesia cerca de ti o cerca de tu lugar de trabajo?

- ¿Tiene tu escuela un programa extracurricular después de clases?
- ¿Tienes cerca familiares ancianos que gozarían malcriando a tus hijos y recibiendo paga por hacerlo?
- ¿Hay cerca otra madre que se queda en casa con sus hijos y que estaría dispuesta a velar por uno —o dos— más por una cuota mensual?
- ¿Pueden los directores del club de ciudadanos y organizaciones —tales como la rama local de la Sociedad Americana de Personas Retiradas (AARP)— sugerir a abuelos responsables que pueden gozar de una entrada mensual extra disfrutando del contacto con chicos?
- ¿Conoces estudiantes de la universidad local que disfruten de los niños y que quieran ganar un poco de dinero extra?

Haz que los niños estén seguros cuando están solos en casa

Probablemente puedas pensar algunas adicionales a estas, pero aquí tengo unas pocas maneras de asegurarnos que nuestros hijos estén seguros en casa cuando no estamos allí.

Asegúrate de que tus hijos estén seguros y que sepan a quién llamar en una emergencia. Enfatiza el hecho de que nunca deben abrir la puerta cuando están solos y que nunca digan a un extraño por teléfono que están solos.

Siempre instruí a Jay y a Holly para decir: "Lo siento; mi mamá no puede atender el teléfono en este momento, pero si usted deja su mensaje, le diré que le devuelva la llamada pronto".

Uno de los hombres con quienes enseño estaba enojado conmigo porque una mañana había llamado pero Holly no lo dejaba hablar conmigo.

"¡No es posible que hubieras estado tanto tiempo en la ducha!", gruñó, jugando a las adivinanzas con la explicación deliberadamente vaga que Holly le había dado por teléfono.

"Oh, tú eres el que no dejó su nombre", le dije. Y entonces, aunque no tenía ninguna obligación de hacerlo le expliqué: "Estaba de compras en el supermercado".

"Bueno, ella pudo haberme dicho que no estabas en casa."

"¿Por qué? Ella no te conoce."

"Bueno, eso es tonto."

Las otras madres de la mesa estuvieron en sintonía, viniendo a mi rescate y haciéndole saber que estaba fuera de lugar.

Habla con tus hijos sobre lo que les preocupa. Pregúntales qué es lo que más les desagrada cuando se quedan solos en casa y busca maneras de que esta área sea menos dolorosa para ellos.

Para Jamie, era venir a una casa oscura en el invierno. La simple inversión de su madre al poner un reloj eléctrico resolvió el problema.

Asegúrate de que tus hijos tienen el teléfono de tu trabajo. Pero insísteles en que no deben llamarte para que seas el árbitro de sus peleas.

Sharon, quien ahora es una madre sola, recuerda a la cansada madre del departamento de telas que recibió una llamada mientras le cortaba un pedazo de tela. Sharon podía escuchar sus ruegos primero con un hijo y luego con el otro, diciéndoles que ella resolvería la disputa cuando llegara a la casa en un par de horas.

Sharon confiesa que su primer pensamiento fue: *¿Por qué no se queda en casa con los hijos, que es donde debe estar?* Era fácil para Sharon justificarse a sí misma: su esposo que era médico pagaba sus cuentas; sus hijos eran atendidos por una gobernanta todos los días.

Cuando su esposo la abandonó por su enfermera, el mundo de Sharon se vino abajo. Al final, hasta tuvo que tomar un trabajo fuera de casa. Entonces recordó a la mujer de la tienda de telas con una nueva comprensión.

Establece reglas definidas —incluso para tareas y visitantes. Cuando Jay y Holly eran más chicos, una de las reglas principales era que no podían tener visitantes si yo no estaba en casa. Cuando nos mudamos a Colorado, en su adolescencia tardía, la regla era ocasionalmente ignorada —pero sólo si el visitante era del mismo sexo y si los padres del visitante sabían que yo no estaba en casa.

El conflicto de los veranos largos y calientes

Si no tienes éxito la primera vez

Tiempo de verano, y qué preocupación tan pesada. Sí, el verano es un tiempo especialmente duro para nosotras las mamás solas. Jay y Holly tenían 14 y 13 el verano en que nos mudamos a Nueva York. Varios años atrás, habíamos comprado un remolque de segunda mano en el campamento bíblico en las costas del Lago Michigan. Así que envié a Jay y a Holly de regreso allá e hice arreglos para que varios familiares estuvieran con ellos durante la semana. Volé o manejé ida y vuelta en muchas ocasiones durante esas 10 semanas, gastando mis energías más allá de lo debido.

La aventura fue un fracaso desde el principio. Muchas de las mujeres de nuestro vecindario del lago me hicieron saber que yo estaba privando a mis adolescentes. Uno de los comentarios más gentiles fue: "Creo que es terrible que no estés con tus hijos".

Al final de la temporada, vendí el lugar, no solo para liberarme de la carga financiera, sino para escaparme de la carga de tratar de complacer a otras 40 madres.

Prueba, prueba otra vez

El siguiente verano, envié a Jay y a Holly a un campamento cristiano no muy costoso al norte de Nueva York por cuatro semanas. Me intrigó mucho la dinámica de personalidad que revelaron con esta experiencia: a ambos chicos se les dio la misma sentencia de cuatro semanas, pero ellos la manejaron diferentemente.

Holly estuvo convencida desde el primer día de que ella no sobreviviría esos 28 días. Anhelaba regresar a la casa, y pensó: *¿Cómo puedo hacer que mi mamá me saque de aquí?* La primera tarjeta postal que recibí de ella fue dirigida a "Cuatro semanas Aldrich". Su humor sutil me deleitó, pero yo había decidido que ella lo aguantaría.

Sagazmente lo próximo que decidió fue hacerme largas historias de cómo todos los acampantes tenían que rociar sus bolsas de dormir todas las noches para mantener fuera a los bichos. ¿El resultado? La dejé regresar a casa luego de cumplir una sentencia de dos semanas: "¡El tiempo de cárcel más largo que haya existido, mamá!".

Mientras tanto, Jay miró alrededor y dijo: "Bueno, estoy aquí por cuatro semanas. ¿Qué puedo hacer para que sea tolerable?".

Después que hice arreglos para rescatar a Holly de los bichos, le dije a Jay que él podía regresar a casa al mismo tiempo.

"No me voy a rajar", dijo.

Enfaticé que no había problemas en que regresara a la casa.

"No, no quiero que pienses que soy un cobarde como Holly."

"¡Jay, no lo pensaré!"

"Mamá, no quiero verlo en tus ojos. Sencillamente no me hagas esto el año próximo."

No lo hice.

Una y otra vez

El siguiente año, pasaron tiempo con familiares en el área central de los Estados Unidos.

Esos primeros años de adolescencia son especialmente problemáticos porque nuestros hijos no son tan pequeños como para tener una niñera, pero no son suficientemente maduros como para tener un empleo. Confieso que estoy feliz de haber pasado esa etapa.

Pero si tú todavía estás ahí, ora mucho, habla con otras mamás solas, busca campamentos de las iglesias y —lo más importante— habla de la situación con familiares de confianza, amigos queridos y con tus jovencitos. Estos días de verano no tienen por qué sabotear tu estilo de crianza.

La importancia de seguir adelante con la vida

Todos nosotros tuvimos situaciones que desearíamos haber manejado de modo diferente. No podemos cambiar esos tiempos, pero podemos aprender de ellos. Si estabas equivocada en alguna cosa, confiésalo al Señor, pide perdón por aquellos a quienes hayas hecho daño, y luego sigue adelante con tu vida.

Déjaselo a Dios

Sé que esa pequeña fórmula suena fácil de seguir, pero en realidad, no lo es. Todos sabemos que toma un poco de esfuerzo. Muchas personas pelean con este concepto de dejar ir las cosas y seguir adelante con la vida, simplemente porque se niegan a aceptar el perdón de Dios para ellos mismos.

Al principio de este capítulo, cité 1 Juan 1:9: "Si confesamos nuestros pecados, Dios, que es fiel y justo, nos los perdonará y nos limpiará de toda maldad". Así que si nuestro Padre todopoderoso y perfecto quiere libertarnos, ¿como podríamos rehusarnos a aceptar esa libertad? Es nuestra para que la tomemos.

La culpa puede mantenernos atrapados y derrotados. Y al enemigo le gusta que nos golpeemos a nosotros mismos emocionalmente. El diablo sabe que no podemos hacer la obra del Señor mientras estemos concentrados en nuestros fracasos en lugar de concentrarnos en el poder del Señor que nos liberta de la culpa del fracaso.

Déjalo ir

He trabajado con un equipo de consejo profesional para los afligidos; pero cuando se trata de lidiar con la culpa, mi mamá ofrece el mejor consejo: "Es como arar en un terreno nuevo. Te puedes quedar estancada en un tocón enraizado, preocupándote todo el día. O puedes tomar tu arado y continuar".

¡No sé qué harás tú, pero yo estoy lista para continuar!

Repasemos con sensibilidad

→ La culpa no viene sólo con sabor a vainilla: viene en tres otros sabores; verdadera, impropia y falsa. Y la falsa culpa parece ser la que controla a muchas madres solas

→ Ya hemos hecho bastante malabarismo sin la carga extra de la culpa. Hagamos un esfuerzo deliberado por aceptar nuestra situación tal como es y, al menos por ahora, de la manera que debe ser.

→ No compres cuando otros traten de cargar tu vida con un montón de culpa inmerecida, y no te agotes tratando de estar a la altura de la idea que otros tienen sobre lo que es una "buena madre".

→ Recuerda, si nuestros chicos nos encuentran propensas, trabajarán el ángulo de la culpa de cualquier modo que puedan.

→ El horario de trabajo flexible reducirá el tiempo que estamos lejos de nuestros hijos mientras estamos en el empleo. Pero depende de cada una de nosotras decirlo a nuestros jefes cuando necesitamos horarios de trabajo flexibles.

→ No olvides explorar las posibilidades de cuidado de niños que existen en tu comunidad, particularmente si tus chicos son preescolares.

→ Si tus hijos llegan a la casa primero que tú, cerciórate de que estén seguros y que sepan a quién llamar en caso de una emergencia.

→ Para niños más grandes, establece reglas de la casa definidas, respecto a sus tareas domésticas y a las visitas durante el tiempo en que estás trabajando.

→ El verano es un tiempo especialmente difícil para nosotras las mamás solas con hijos que son demasiado grandes para tener niñeras o demasiado jóvenes para tener un trabajo o quedarse sin supervisión. Así que comienza tempranamente tus oraciones y tus investigaciones creativas: con la gracia de Dios y tu agilidad de pensamiento, podrás planificar cómo pasarán tus hijos esos veranos largos y calientes.

→ No podemos cambiar el pasado, pero podemos aprender de él. Confiesa tus errores del pasado, acepta el perdón de Dios, y luego déjalos ir.

→ Cuando nos concentramos en nuestros fracasos en lugar de hacerlo en el poder y la gracia del Señor para libertarnos de la culpa del fracaso, estamos cayendo justo en las manos del enemigo. Acepta la libertad de Dios de la trampa de la culpa, y sigue adelante con tu vida.

CAPÍTULO 4

Mantenlos hablando y mantente escuchando

Alégrense con los que están alegres; lloren con los que lloran.

Romanos 12:15

La lluvia había caído durante varios días sobre el presidente Tomas Jefferson y su grupo, mientras viajaban a caballo a campo traviesa. En su viaje, cuando llegaron al río que tenían que cruzar, descubrieron que las aguas crecidas se habían llevado el único puente.

El presidente y su séquito deambularon por la orilla del río durante un rato hasta que encontraron un lugar por donde sus caballos pudieron cruzarlos con seguridad. Cerca, un hombre estaba sentado encorvado debajo de un árbol. Se puso de pie tan pronto vio al grupo acercándose.

Entonces le habló al presidente Jefferson. "Por favor, señor, ¿podría cruzar el río con usted?"

El presidente Jefferson asintió con la cabeza y ayudó al hombre a subirse atrás de él. Cuando llegaron con seguridad a la orilla lejana, el hombre se bajó del caballo y le agradeció.

Uno de los escoltas de Jefferson se dirigió al hombre que se había bajado del caballo y lo retó: "¿Cómo te atreves a pedirle al presidente de los Estados Unidos que te monte en su caballo?".

El hombre palideció, miró el amable rostro de su benefactor y enfrentó a su interrogador. "No sabía que le estaba hablando al presidente", dijo. "Simplemente vi un *no* en sus rostros y un *sí* en el de él."[1]

LOS HIJOS SE COMUNICAN CUANDO NOSOTRAS, LAS MADRES, SOMOS ACCESIBLES

De esto trata toda la comunicación con nuestros hijos: asegurémonos de que vean un *"sí"* en nuestro rostro y que sepan que *estamos* accesibles. A pesar de nuestro apretado horario, tenemos que esforzarnos para crear una atmósfera que no sea de juicio, en la cual nuestros hijos e hijas puedan sentirse seguros para decir lo que está en sus mentes.

Todos sabemos las cosas que le dicen un *"no"* a los jóvenes: rebajarlos, sarcasmo, órdenes, declaraciones como "deberías" y "tienes" e impaciencia, los cortan en mitad de la oración.

ENTONCES, ¿QUÉ NOS HACE ACCESIBLE?

Ofrece cumplidos sinceros
Cierto, algunas veces tenemos que decir no. Pero aún entonces no debemos ser innecesariamente negativos o demasiado críticos. Los chicos no van a escuchar lo que tenemos que decirles si nuestras expresiones faciales, tanto como nuestras palabras, anuncian nuestra desaprobación a todo lo que ellos hacen. Muchos chicos realmente quieren hacer las cosas bien.

Cuando entrevisté a la última consejera de la costa oeste Jean Lush, ella dijo que cuando trabajaba con su padre sentía que era capaz de hacer cualquier cosa. Él contaba historias graciosas, ofrecía alabanzas pródigas y hacía que sus cuatro hijos sintieran que eran lo más grande del mundo. Su madre, en cambio, estaba frustrada por el poco esfuerzo de ellos y los comparaba frecuentemente con su tía Ida, la oveja negra de la familia.

¿Adivina cuáles requerimientos de los padres eran respondidos con entusiasmo?

A la señora Lush también le gustaba recordarles a las madres solas que muchos de los grandes líderes y científicos del mundo habían sido criados sólo por sus madres.

¡Un pensamiento muy bienvenido!

Mantenlos hablando

Sólo que los niños no hablen no quiere decir que no estén heridos. De hecho, puede ser que estén acarreando el mayor dolor.

Encuentra maneras de pasar tiempo juntos, uno a uno. Podrías proponer la regla de que ellos tomen turnos para ayudarte a preparar la cena. Trabajar juntos nos fuerza a hablar.

Pero no esperes resolver todos los problemas de la vida con una intensa conversación. A menudo, la mente humana tiene que considerar un pensamiento, hablarlo, ponerlo a un lado y después volverlo a hablar.

Chris dijo que después de su divorcio, sus hijos estaban aliviados porque el abuso de su padre había terminado, así que se rehusaban a hablar al principio. Pero, gradualmente, al año siguiente, necesitaron revisarlo todo otra vez —y hacer una corta caminata cada tarde después de la cena les dio esa oportunidad.

Mantén las preguntas fluyendo

Aún cuando Jay y Holly eran pequeñitos, nuestra actividad favorita después de la cena era caminar alrededor de la cuadra. A menudo, sazonaba aquellos momentos preguntando: "¿Qué harías si…?".

Cuando ellos tenían cuatro y cinco años, las preguntas eran básicamente sobre protección: "¿Que harías si estuvieras jugando en la parte delantera de la casa, y un hombre se detiene y te pide que te acerques a su auto?".

A medida que crecían, las preguntas progresaron hacia cualquier situación con la que estuvieran tratando en la escuela: "¿Qué harías si tu mejor amigo olvidó estudiar para el examen de historia y te pide que mantengas tu hoja a la vista?".

Un domingo, cuando mis hijos tenían 11 y 12 años, impulsivamente pregunté: "¿Qué desearías que yo hiciera de modo diferente?".

Holly encogió los hombros diciendo "nada".

Pero Jay inmediatamente tuvo una sugerencia: "Deseo que te gusten más las ciencias".

Asentí con la cabeza. "Eso desearía también. Pero los dos sabemos que no va a suceder por ahora. Mientras tanto, ¿qué tal si nos hacemos miembros del Museo de Ciencias de Cambrook?"

Esa resultó exactamente la manera correcta de hacer las cosas. Cada pocas semanas, recorríamos las últimas exhibiciones, mientras Jay explicaba lo que veíamos. Ocasionalmente, entendía lo suficiente como para permitirme hacer una pregunta inteligente.

Nunca me emocionaron las moléculas y los átomos, pero eran importantes para Jay —y, por lo tanto— también eran importantes para mí.

Una vez que Jay y Holly alcanzaron la adolescencia, mis preguntas fueron aún más especificas: "¿Que harías si estuvieras en una fiesta y alguien te ofrece fumar marihuana? ¿Qué harías si tu cita amorosa te dice que los padres de él/ella salieron durante el fin de semana y te sugiere que vayan juntos a su casa?".

Por cierto, ellos nunca tuvieron que huir del auto de un extraño, pero sí les pidieron que mintieran, les ofrecieron drogas y les hicieron proposiciones indecorosas.

Estoy agradecida pues manejaron las situaciones muy bien. Sé que fue la misericordia de Dios y su contestación a las oraciones lo que los sacó fuera de peligro, pero a la fatigada madre sola que hay en mí le gusta pensar que algunos de nuestros tempranos juegos de preguntas sirvieron para algo.

No busques la guerra

A los 17 años, Jay se dejó crecer su pelo rubio hasta los hombros, y no le importaban los estilos de moda. Su vestimenta informal favorita era un par de *jeans* desteñidos y una camiseta hawaiana. Cuando tenía que asistir a funciones escolares formales, usualmente vestía su falda escocesa.

Cuando entró en su "etapa escocesa", descubrió una antigua madera tallada representando a un miembro de un clan de toscas facciones, envuelto en una tela escocesa. Colgando sobre un sólo hombro, tenía una larga trenza.

Tan pronto como Jay me mostró la talla, supe lo que planeaba hacer. "No me importa si dejas crecer tu cabello hasta las rodillas", le dije. "Sólo mantenlo limpio."

Él estaba activo en el grupo de jóvenes y seguía asistiendo al servicio de adoración, así que no pensé mucho en el asunto. Pero a medida que pasaban los meses, comprendí que *yo* estaba siendo juzgada por largo del pelo de Jay.

Las madres solas tenemos suficientes batallas espirituales sin tener que aceptar las falsas, así que deshacía los comentarios de los adultos inquisidores con: "En realidad si mi cabello fuera de color dorado como los escoceses, también me lo dejaría crecer." (Además, sabía que sus familiares varones cercanos quedaban calvos a edad temprana, así que quería que él disfrutara su pelo largo todo el tiempo que pudiera.)

Pero los comentarios más frustrantes vinieron de algunos institutos bíblicos que llamaron para invitar a Jay a pasar un día en su recinto. Tan pronto Jay les contaba sobre lo largo de su cabello, su primera pregunta *no era:* "¿Quieres conocer más acerca del Señor?"; sino: "¿Estas dispuesto a cortarte el cabello?".

¿No es una lástima que vivamos en un mundo de meras apariencias? Perdemos más jóvenes de esta manera, por tratar de convertirlos en nuestros clones, en lugar de ayudarlos a descubrir quiénes son en Jesús.

De todos modos, Jay decidió finalmente asistir a una universidad del estado, reconocida por su departamento de química. Luego, hecha la decisión... ¡muy pronto se cortó el cabello! Cuando le pregunté al respecto, se encogió de hombros y me dijo: "Es tiempo".

Así que, mamá, toma ánimo y no busques guerra sobre cosas que no son importantes. Batalla contra las drogas y el alcohol, no sobre el largo del cabello, la pulcritud del cuarto o su música preferida, a menos que sea obscena.

Y di sí tan a menudo como te sea posible; esto da más credibilidad a los momentos en que tienes que decir no.

El Dr. Dobson nos cuenta de una mesera que le había explicado que ella y su hija de 12 años estaban peleando porque la jovencita quería afeitarse las piernas. Tuvieron un año miserable por causa de esta discusión furiosa, y la madre no sabía qué hacer.

¿Qué sugeriría el famoso psicólogo?

El Dr. Dobson la miró y le dijo: "¡Cómprele una máquina de afeitar!".

Obtén la respuesta de ellos

Asegúrate de que tus chicos entiendan lo que quieres decir tanto como lo que dices.

Carol aprendió enseguida que a su hijo le daba pereza lo rutinario y que perdía la sintonía cuando ella le estaba dando instrucciones. Ahora, ella le pide que repita lo que le ha pedido que haga. De otra manera, ella podía estar diciéndole: "Tienes una cita con el dentista esta tarde. Vente enseguida a casa cuando salgas de la escuela". Y él le contestaría: "Muy bien", sin saber lo que había aceptado hacer.

LOS HIJOS SE COMUNICARÁN CUANDO
LAS MAMÁS ESCUCHEMOS

Escúchalos

Escuchar a nuestros hijos significa que realmente tenemos que escuchar lo que ellos están tratando de decirnos. Ellos necesitan saber que estamos escuchando.

La mayoría de nosotras nos concentramos tanto en lo que queremos *decir* que no escuchamos. Estamos meramente esperando nuestro turno para hablar. Esto es especialmente cierto cuando estamos tratando de impartir a nuestros adolescentes la vasta sabiduría que ganamos tan duramente. *Si sólo pudieran escuchar*, pensamos, *no sufrirían las mismas consecuencias.*

Así que, sí, tenemos que hacer nuestra parte compartiendo el escuchar. Los conferencistas jóvenes enfatizan que muchos adolescentes son sexualmente promiscuos porque están tratando de conectarse con alguien. Si hubieran tenido personas dispuestas a escucharlos, dicen estos expertos, los adolescentes no estarían buscando afuera por caminos inapropiados.

Así que da un buen ejemplo. Si esperas que ellos te escuchen, tienes que escucharlos tú a ellos.

Identifícate con ellos

Recuerda lo que funcionaba para ti cuando eras más joven. La mayoría de nosotros aprendimos a través de nuestros errores. ¿Por qué? Porque, aunque nuestros padres trataron de advertirnos, muchos de nosotros pensamos que estábamos siendo sermoneados. Y terminamos aprendiendo muchas cosas de la manera dura.

Una madre sola me dijo que la línea de comunicación con su hija de 16 años se abrió la noche que ella comprendió cómo sonaba ante un adolescente su forma de hablar. El punto decisivo llegó cuando ella dijo calladamente: "Hacia donde tú vas, ya yo he estado".

Uno de mis temas recurrentes —como maestra y luego como madre y conferencista— continúa siendo: "¡Estos *no* son los mejores años de tu vida! ¡Se *pondrán* mejores! —si lo permites". Luego le recuerdo a mi audiencia que las malas decisiones acerca de las drogas, el alcohol, los amigos y la actividad sexual pueden amenazar un futuro brillante. Los adolescentes muestran alivio cuando les aseguro que les espera un futuro más brillante, pero invariablemente uno de ellos pregunta: "Entonces, ¿por qué nuestros padres siempre dicen que estos son los años grandiosos?"

La respuesta obvia es que los adolescentes pueden elegir. Mientras más viejos nos hacemos, más limitados estamos para escoger. Pero en un momento emotivo, los adultos suelen tener problemas para verbalizar este hecho.

He alcanzado una etapa de la vida donde entiendo verdaderamente el viejo adagio: "La juventud se malgasta en los jóvenes." Pero la única cosa que extraño de mi juventud es una piel firme. No pasaría por todas esas crisis nuevamente.

Comparte lo que les interesa a ellos

Justo antes del decimosexto cumpleaños de Jay, me preguntó acerca de la guerra de Vietnam. Trabajé como secretaria civil para la unidad del Cuerpo de Reserva de Entrenamiento de Oficiales (ROTC) al final de la guerra, así que contesté sus preguntas compartiéndole mis experiencias. Le hablé sobre la era hippie y mi propia negación conservadora de la realidad de la guerra hasta que Clive, un guapo estudiante de cuarto año que recordaba del salón de clases de mi escuela secundaria, regresó a casa en una bolsa para cadáveres.

Pero seguía sin poder describir completamente la locura de aquella época o cómo había sido para nuestros soldados, ya que ellos no conocían quién era realmente el enemigo contra el que guerreaban. Finalmente, decidí llevarlo a ver *Buenos días, Vietnam*. La película estaba clasificada R, pero respiré profundo y lo escolté. Con mucho más impacto de lo que yo nunca hubiera podido, las escenas explicaban tanto el aire de desconfianza que prevaleció por entonces y la manera propia del ejército de manejar las cosas.

Luego, tomando unos refrescos, traté de responder sus preguntas restantes. Cuando mencioné que tres de mis compañeros de clase habían muerto en la guerra, preguntó cosas específicas acerca de ellos. Describí las ambiciones futuras de Clive y la rapidez de Bob en el campo de fútbol.

Luego hablé sobre Scott. Él tenía dos años menos que yo en la escuela secundaria. Recuerdo la mañana en que lo vi por primera vez mientras salía de la cafetería. Se paró cerca del atrio con un rayo de sol cayendo sobre él, mirando primero su programa de clases y luego mirando perplejo a lo largo del pasillo. Lo dirigí hacia el pasillo apropiado y me fui, nunca volví a pensar acerca de esta escena hasta que escuché que había muerto varios años más tarde. Durante semanas estuve atormentada por la noticia. Aún hoy me pregunto si se habría parado bajo el sol, mirando alrededor en esa misma perplejidad sin que nadie lo llevara lejos de los francotiradores o de las minas explosivas.

Aún después de nuestra larga conversación, Jay seguía teniendo preguntas. Pude haberlo introducido a la sección de guerra de nuestra biblioteca local, pero ya que vivimos a sólo un par de horas de Washington, D.C., decidí que los tres nos fuéramos manejando para ver el Memorial de Vietnam.

¿Cómo puedo describir la vista de la pared con los nombres de más de 56,000 jóvenes varones y mujeres que fueron muertos tratando de defender algo que no entendían?

Cerca de la acera principal, dos veteranos de mediana edad buscaban nombres en el grueso directorio que cargaban.

Cerca de ahí, un jefe de scouts tenía a un jovencito desinteresado agarrado por la solapa diciéndole: "Algunos de ellos eran mis amigos. Algún día entenderás lo que has visto aquí".

Los padres subían a sus pequeños para que pudieran tocar un nombre, susurrándole: "No, pon tu mano un poquito más alto. ¡Ahí! ¡Ése es tu abuelo!".

Lloré mientras pensaba en el abuelo de ese pequeño quien probablemente tendría veinte años cuando murió, dejando atrás a un hijo que sería un poco más grande que el niño que ahora levantaba en brazos.

Mientras nos alejábamos de la pared, Jay me miró con timidez. "Gracias, mamá", fue todo lo que dijo.

Pasé mi brazo alrededor de sus hombros. "No, querido, gracias a *ti.*"

Toma sus problemas seriamente

Con todo lo que estamos maniobrando emocional, física, espiritual, mental y financieramente, podemos ser tentadas a encogernos de hombros ante lo que nuestros niños ven como problemas, ya sea un cabello que no coopera por la mañana o tener que almorzar solo en la escuela cuando el mejor amigo está enfermo.

Cada vez que desestimamos pequeños problemas presentes, también estamos cerrando la puerta de comunicación para problemas futuros. La hija de 11 años de Jenna le hablaba constantemente, diciéndole cada detalle del día en la escuela, incluyendo lo que sus amigas vestían para la clase de gimnasia, lo que comieron en el almuerzo y lo que hablaban en los pasillos.

Luego de un día particularmente largo, Jenna no sabía si podía escuchar alguna otra historia sobre quien derramó el budín de chocolate en el piso de la cafetería. Pero ella decidió que si todavía quería que su hija le hablara cuando tuviera una cita amorosa a los 16 años, era mejor que escuchara el cuento del budín *ahora*.

Finalmente, Jenna dijo: "Tomemos turnos. ¿Está bien? Me dices todo lo que sucedió en la clase de gimnasia en 15 minutes, y luego es mi turno para contarte —en 15 minutos— todo lo que sucedió en mi trabajo hoy".

Este intercambio, no sólo le dio a Jenna la oportunidad de desahogar su desilusión por no haber sido invitada a una reunión informativa, sino que también le dio a su hija una vislumbre de los sinsabores con los que su madre lidiaba cada día.

Conoce a sus amigos

¿Quieres que tus hijos te cuenten lo que pasa en la escuela? Entonces, pregunta con quién almuerzan, quiénes son sus maestras y quiénes están en su autobús escolar. Sí, eso conlleva esfuerzo, pero ellos pasan en la escuela la mayor parte de su día y sus compañeros ocupan la mayor parte de sus pensamientos.

Melinda dijo que quedó aterrada cuando conoció algunos amigos de su hijo en un acto escolar. Ella sabía que su hijo no tenía interés en su vestuario, pero no se esperaba el pelo desgreñado, los estrambóticos abrigos del ejército y los pantalones de vaqueros llenos de agujeros que llevaban sus amigos.

Melinda tuvo el buen sentido de no exigirle a su hijo que se hiciera de nuevos amigos; en cambio, los invitó a todos a comer pizzas y refrescos luego del acto. Ella todavía no está muy contenta con la manera en que se visten, pero por lo menos está segura que no son pandilleros de drogas.

Recientemente se cruzó con una foto suya de cuando era estudiante de escuela secundaria y dice que la manera en que lucía su pelo estirado, labios pálidos, minifalda y botas "go-go" le recordaron que los adolescentes sobreviven aún a las modas más salvajes.

Y mantente amiga de los tuyos

El consejo del Dr. James Dobson acerca de la crianza de adolescentes da justo en el blanco cuando dice: "Simplemente sobrellévalos a través del proceso".

He descubierto que los adolescentes nos pondrán a prueba constantemente. Y es una bola difícil para que la maniobremos con todas las demás. Pero cuando nuestros adolescentes nos prueban, lo que realmente están preguntando es: "¿Me amas?".

Y no podemos dar por sentado que nuestros adolescentes escuchan nuestras declaraciones calladas. Por difícil que nos resulte algunas veces hacerlo, tenemos que decir constantemente: "Sí, te amo", y decirlo repetidamente mediante un abrazo rápido, una palmada en el hombro y —¿me atrevo a decirlo de nuevo?— *escuchándolos* tanto como hablando y hablando.

TEN CUIDADO CON LO QUE DICES CUANDO HABLES DE SU OTRO PROGENITOR

No denigres a su otro progenitor

Las viudas suelen tener la tentación de decirles a sus hijos sólo las buenas cualidades de su padre. Una de mis amigas lo hizo demasiado bien, tanto que su hijo se negó a jugar al fútbol, pensando que nunca sería tan buen jugador como su papá.

Las madres divorciadas tienen que batallar con la otra tentación: la tendencia a hablar sólo de las cualidades indeseables de su ex esposo. Pero los hijos de padres divorciados suelen estar luchando contra sentimientos de culpa y pérdida de autoestima, así que es importante que no añadamos a sus luchas emocionales la denigración de su otro progenitor.

Diana manejó bellamente esta situación con su hijo de 15 años cuando me lo presentó. Mientras hablábamos, él dijo: "Algunas personas piensan que me parezco a mi mamá. Pero yo no lo creo, ¿qué le parece a usted?".

Antes de que pudiera contestar, Diana sonrió y dijo: "No, tú te pareces a tu papá".

Luego se dirigió a mí: "¡Su padre es tan atractivo! Por eso me casé con él".

Mientras su hijo sonreía tímidamente, pensé en el amargo divorcio de Diana y me maravilló que ella no hubiera transferido ese dolor a su hijo con un comentario sarcástico sobre su apariencia. En lugar de esto, sus palabras eran un increíble regalo a su autoestima.

Y no transfieras culpa

Renee, hasta este día, está convencida de que ella causó que el matrimonio de sus padres fracasara. Todavía recuerda la noche en que se acercó tímidamente a su madre que lloraba con: "¿Por qué se fue papá?".

En respuesta, Renne sólo escuchó: "¡Todo iba bien hasta que tú llegaste!".

Si no podemos hacer otra cosa, tomemos la decisión de morder esos comentarios punzantes y concentrémonos en sobrellevar los días por venir. Esta restricción es especialmente importante si el hijo pasa fines de semana con el padre que no tiene la custodia.

Cuando Clarie empacó las bolsas de dormir de sus hijos para el primer fin de semana con su padre, se puso literalmente un pedazo de cinta adhesiva sobre la boca para impedirse a decir todas las cosas amargas que pensaba.

"Mi hijo y mi hija pensaron que era un tipo de juego y también se pusieron cinta adhesiva sobre la boca", dijo. "Nos veíamos bien tontos, pero me ayudó a terminar de empacar."

LO MÁS IMPORTANTE DE TODO: ORA CON TUS HIJOS

Uno de mis recuerdos favoritos de mi niñez es el de mis abuelos de Kentucky, Papá y Mamá Farley, arrodillándonos cada noche frente a la silla de la sala y orando en alta voz al mismo tiempo. Trataba de orar también, pero estaba tan intrigada pensando en cómo haría Dios para distinguir sus voces que nunca podía presentar mis propias peticiones.

Me pregunto qué recuerdos de oración habrán llevado Jay y Holly a su vida de adultos. Me gustaría que fueran las oraciones y lecturas bíblicas después de la cena, pero probablemente serán los tiempos de crisis cuando comenzaba con: "Señor, tú sabes que detesto los días como éste".

Connie dice que las oraciones de su madre la siguieron por todo el sur de California durante la era hippie de los sesenta.

"No importaba dónde me hallara o lo que estuviera haciendo, yo sabía que ella estaba orando por mí", dice Connie. "El recuerdo de ella arrodillándose junto a su cama con la Biblia abierta no me dejaba. Ahora que estoy criando sola a mi hija, estoy tratando de enseñarle a que hable con Dios tan fácilmente como habla conmigo. Y eso también significa que ella tiene que verme hacerlo."

Pero, ¿qué pasa si orar con otra persona es nuevo para ti?

Puedes respirar hondo para llenarte de valor y decirles a tus hijos que te gustaría que se unieran a ti para hablar juntos con Dios. Algunas veces, sin embargo, no tendrás tiempo para tener una deliberación familiar primero.

Vina siempre se sintió incómoda al orar en voz alta, pero cuando su hija adolescente la amenazó con mudarse de la casa, recordó el consuelo que las oraciones de su amiga le dieron en una crisis. Impulsivamente, envolvió a su hija en un abrazo de oso y oró en voz alta: "Señor, ayúdame a enseñarle a esta muchachita especial que realmente yo la amo. Amén".

Se abrazaron durante un momento y luego la hija se apartó para mirar a su madre. "¿Por qué nunca oraste conmigo antes?"

Vina tartamudeó: "Creo que tenía temor". La hija la abrazó de nuevo. Por fin se estaban comunicando a un nivel que el adolescente puede entender.

Recuerda, estás siendo observada

Recuerdo la noche que estaba especialmente preocupada respecto a una decisión que se avecinaba, así que me retiré a mi dormitorio para leer la Palabra y anotar los versículos que hablaban de mi dilema. Tomé la vieja Biblia blanca de mi mesa de noche. Habían un par de otras Biblias ahí, traducciones más recientes, pero ésta era la Biblia que tenía desde el séptimo grado. Los versículos estaban subrayados, los márgenes escritos y la cubierta desgastada. Ahora buscaba a través de las páginas gastadas una respuesta a mi último desafío.

A los pocos minutos, Jay, entonces de diez años, subió las escaleras buscándome. Holly, de nueve años, lo interceptó en el pasillo.

"No molestes a mamá", le susurró. "Está leyendo la Biblia, la *blanca*."

Escuché a Jay exclamar: "¡Oh!". Y se volvió escalera abajo. No me había dado cuenta de que alguien notara qué Biblia leía cuando estaba en problemas. Pero nuestros hijos, aún a temprana edad, observan más allá de lo que pensamos. Sí, este puede ser un pensamiento perturbador. Pero nuestras acciones impactan a nuestros niños más de lo que podría hacerlo el más elocuente de nuestros regaños. Y, nos guste o no, ellos seguirán nuestro ejemplo. Asegurémonos de que sea bueno.

Repasemos con sensibilidad

→ Tus hijos se comunicarán contigo cuando vean un *sí* en tu rostro y sepan que *eres* accesible.

→ Sé positiva y permítete elogiar mientras los alientas a hablar contigo.

→ Atrévete a hacer preguntas, pero no busques guerra.

→ Di sí tan seguido como te sea posible; eso dará mayor credibilidad a las ocasiones en que tengas que decir que no.

→ Haz que te respondan, para asegurarte que tus chicos entendieron tanto lo que quisiste decir como lo que dijiste.

→ Ciertamente la juventud puede ser malgastada por los jóvenes, pero sus luchas son reales. Así que escucha lo que tus hijos te están diciendo y déjales saber que empatizas con ellos.

→ Sé un buen ejemplo para tus hijos. Si esperas que te escuchen, también tú tienes que escucharlos a ellos.

→ Comparte sus preocupaciones e intereses y toma en serio sus problemas.

→ Mantente amiga de tus hijos y conoce a sus amigos.

→ Sé cuidadosa con lo que dices sobre su padre. No denigres y no transfieras culpas. Él puede ser tu ex esposo, pero sigue siendo el padre de ellos.

→ Lo más importante de todo, ora con tus hijos. No sólo los estás envolviendo con la protección y guía de Dios, sino que les estás creando recuerdos reconfortantes.

Notas:

1. La historia del Presidente Thomas Jefferson fue narrada en un sermón por el Dr. John Stevens, ministro principal de la Primera Iglesia Presbiteriana, Colorado Springs, CO.

CAPÍTULO 5

Guiar a nuestros adolescentes a través de las aguas del sexo

Ustedes no han sufrido ninguna tentación que no sea común al género humano. Pero Dios es fiel, y no permitirá que ustedes sean tentados más allá de lo que puedan aguantar. Más bien, cuando llegue la tentación, él les dará también una salida a fin de que puedan resistir.

1 Corintios 10:13

Justo antes de que Holly cumpliera trece años, descubrí que el hijo mayor de una de mis amigas estaba en la cárcel por robar un auto. ¡Cuando lo llamé para animarlo a asistir a las clases que el capellán daba en la prisión, me dijo que sido padre de un niño cuando tenía sólo 15 años!

¡Aggg! Jay y Holly se aterrorizaban oyéndome hablar de cierta adolescente embarazada: sabían que tendrían que escuchar mi sermón "Tengo motivos para ser estricta". Ese día no fue diferente, pero Holly era la única que estaba en casa en ese momento. Cuando terminé de hablarle sobre la situación, le dije que cuando comenzara a tener citas, yo debería conocer a cada uno antes del gran evento y si no me gustaba el muchacho, ella no saldría con él.

Volteó los ojos y murmuró que yo había olvidado lo que era ser una adolescente. No acepté sus palabras.

"No, Holly. Soy estricta porque *sí* lo recuerdo."

PODEMOS ATRAVESAR INTACTOS LOS AÑOS DE ADOLESCENCIA

Estos tiempos de permisividad sexual y bajos estándares morales asustan a los padres de adolescentes. Pero no podemos esconder nuestra cabeza en la arena e ignorar el hecho de que tantas vidas jóvenes hoy en día son perturbadas y aún arruinadas en unos minutos.

Durante el primer año que enseñé en Michigan, dos encantadores estudiantes de 15 años de mi primera hora de clase de inglés crearon un bebé. Hasta hoy, ambos se preguntan por el niño que dieron en adopción. Otras estudiantes se fueron durante un fin de semana largo para hacerse abortos, y se entregaron a las drogas o al alcohol para amortiguar el dolor emocional. Una y otra vez, después de clase tengo chicas llorando en mi escritorio, diciéndome que estaban embarazadas.

Un año, una estudiante de segundo año me dijo: "Pero no creo que *realmente* esté embarazada. Lo hicimos sólo por un par de segundos". Otro año recuerdo a una estudiante de cuarto año diciéndome que "lo había hecho" una sola vez. Pero una sola vez es suficiente.

Las chicas y yo conversábamos, y me ofrecía a ir con ellas a hablar a sus padres, pero ninguna aceptó mi oferta. Desearía haberles dado más abrazos con mis palabras de consuelo, pero después que se iban, *yo* lloraba.

Aunque cuando mis hijos fueron adolescentes ya no era la maestra preocupada, era una mamá que debía tener cuidado para que los recuerdos de aquellas estudiantes y mis temores no nublaran las relaciones sentimentales de mis propios hijos.

Por supuesto, es difícil tratar de mantener a nuestros adolescentes en el camino recto y estrecho. ¡Y, confieso, los mejores años fueron cuando Jay tenía 15 y Holly 14 —porque él no podía manejar y ella no podía salir con muchachos!

Pero esta desafiante etapa no debe agobiarnos —mientras mantengamos altos nuestros propios estándares y sigamos hablando con nuestros adolescentes sobre los de ellos. Y no importa lo que digan los padres de sus amigos. Recuerdo a una madre que decidió que su propia actividad sexual cuando fue adolescente, limitaba cualquier consejo que pudiera ofrecer acerca de la abstinencia. Así que cuando su hija adolescente comenzó a salir con chicos, compró una gran jarra de cristal para galletas y la llenó de condones de colores brillantes, diciendo simplemente que la volvería a llenar cuando fuera necesario. ¡Qué horrible mensaje!

Nosotras somos los padres, y depende de nosotros proveerles la guía que nuestros adolescentes necesitan, y quieren. Y tampoco podemos dejar esta área a los profesionales de la escuela. Después de todo, el único "sexo seguro" es no tenerlo. La tasa de infecciones transmitidas sexualmente es alarmante a despecho de las promesas de los así llamados expertos. Y estas infecciones modernas no son como las de las pasadas generaciones que eran curables con una o dos dosis de penicilina. HIV, SIDA, herpes, verrugas genitales —asociadas con el HPV, que causa cáncer cervical— son sólo algunas de las infecciones que esperan nuevos hogares.

ES NECESARIO CONTESTAR LAS PREGUNTAS NO FORMULADAS

Para demasiadas madres solas, su propia educación sexual consistió en una madre horrorizada agarrando su blusa y retrocediendo tambaleante, mortificada ante preguntas embarazosas. Con mucha frecuencia, la única advertencia dada a las chicas fue un misterioso: "Ten cuidado. Los chicos buscan sólo una cosa".

Esa advertencia universal realmente me preocupaba porque yo no sabía qué era lo que ellos perseguían. Sabía que yo no tenía nada de *dinero*.

Así que como madre sola, traté de enfatizarle a mis adolescentes que los sentimientos sexuales son normales, y de hecho, dados por Dios, pero tienen que ser controlados hasta el matrimonio. Y, les insistí, esos sentimientos *pueden* ser controlados.

Cuando los adultos dicen: "Ten cuidado de no dejar que tus sentimientos te arrastren", están transmitiendo la idea que los sentimientos sexuales son tan fuertes que pueden anular el juicio. Ése es un mensaje incorrecto.

Nuestros sentimientos sexuales no difieren de nuestros otros sentimientos, como la ira y los celos. Así como nosotros no tenemos que dejarnos llevar por nuestra ira, tampoco tenemos que dejarnos llevar por nuestros sentimientos sexuales. He tratado de enfatizarles este punto a Jay y Holly, tanto en nuestras discusiones como con recordatorios visibles. Por el tiempo en que ellos llegaron a la pubertad, coloqué sobre sus escritorios una tarjeta de 3" x 5" (aprox. 7,5 cm x 12,5 cm) con este mensaje: "Quizás no puedas controlar tus sentimientos, pero *puedes* controlar tus acciones".

¿QUÉ ESTÁ PASANDO EN SU MENTE?

Un asunto que las madres solas suelen ser reacias a discutir con sus hijos es la masturbación. Una cosa que me ayudó a prepararme para esa conversación fue la Noche de Padres para los padres de los niños de sexto grado de la escuela de Jay en Michigan. Había estado sola durante dos años, así que yo asistí, y me senté en medio de todos aquellos padres quienes estaban tratando de ignorar a una mujer sola.

La estadística

El consejero habló sobre la pubertad y me dio útiles detalles, incluyendo la estadística de que el 98% de todos los adolescentes varones se masturban y el otro 2% miente acerca del tema. Quizás ese 2% realmente cree que le crecerá pelo en la palma de las manos.

Años atrás, Charlie Shedd, en su libro *The Stork Is Dead* (*La cigüeña está muerta*), anima a los padres a considerar la masturbación como un don de Dios: una manera de relajar la tensión. Algunos de nosotros hemos usado el libro con grupos de jóvenes para discusión grupal y fuimos animados (y en ocasiones sacudidos) por el resultado de una discusión tan franca. El grupo de padres estaba disgustado, diciendo que estábamos poniendo pensamientos en la cabeza de sus adolescentes y que nuestra iglesia no era el lugar para un material tan explícito.

La controversia

Un verano cuando volvíamos de visitar familiares en Michigan, reconté el episodio a Jay y a Holly, incluyendo el problema que tuvimos con ese particular capítulo del libro. Luego cité la estadística humorística del consejero acerca del número de varones que se masturban, y añadí los comentarios de aquellos padres a la antigua, sacados de quicio, exclamando desde "¡Jesús no lo hubiera hecho!" hasta "¡Voy a sacar a mi hijo del grupo de jóvenes!".

Luego concluí con este pensamiento: "Estoy de acuerdo con Charlie Shedd. Si la masturbación ocasional funciona como una válvula de escape y mantiene a una persona joven fuera de relaciones pecaminosas, pienso que está bien. Es mucho mejor canalizar esa energía hacia los deportes o el trabajo, pero nunca he sido un adolescente varón, así que indudablemente las cosas son para ellos más intensas de lo que yo pueda saber. El verdadero problema es saber lo que está pasando por su mente durante esos pocos momentos".

Con las millas rodando bajo nuestras ruedas, les hablé del verano en que organicé un drama con la clase para adolescentes del ahora desaparecido hospital psiquiátrico de Eloise, Michigan. "Un joven —de primer año de colegio— estaba allí porque sus hábitos de masturbación habían tomado control de su vida entera."

Jay sonrió. "¿Ves? Ellos tienen razón cuando dicen que eso te puede volver loco."

Sonreí por su intento de aliviar el momento, y dije: "Realmente, él estaba agobiado por el estrés y equivocadamente había identificado la fuente de su estrés como sexual. Se masturbaba de 10 a 12 veces al día. Finalmente sus compañeros de cuarto lo convencieron de que tenía que hablar con el psiquiatra del colegio. Terminó en el hospital para que pudiera recibir la ayuda que necesitaba".

Entonces me di cuenta de que la historia que traje como una acotación interesante, no estaba dando soporte a mi premisa original sobre que la masturbación era, supuestamente, normal. Añadí que si tenían alguna pregunta en el futuro, estaría feliz de discutirla más adelante.

El problema

Jay se volvió hacia mí. "¿Cómo le contestaste a esos padres? *¿Crees* que Jesús se masturbó?"

Algunas veces realmente mi cerebro duele cuando intento revisar sus preguntas.

"Bueno, Jay, la Biblia dice en Hebreos 4:15 que Jesús fue tentado tanto como nosotros, pero no pecó", dije. "Así que para contestar eso, tenemos que decidir primero si la masturbación es un pecado."

"El problema, por supuesto, es saber lo que está sucediendo en la mente durante el acto. Estoy convencida de que Jesús mantuvo una vida de pensamiento puro. Para contestar tu pregunta, adivino que Él no lo hizo. Tiende a contradecir lo que dije anteriormente, ¿cierto?"

Mientras Jay asentía con la cabeza a manera de perdón, Holly preguntó sobre los otros estudiantes de la clase de ese verano. Me sentí sumamente feliz de cambiar hacia otra línea de pensamiento en mi recuerdo mientras el auto rodaba hacia Michigan.

Enfatiza la meta de no tener que arrepentirse luego

Había sido invitada a los retiros espirituales de los colegios para hablar del tópico "Encontrar la voluntad de Dios". Fui preparada con escrituras y principios tales como "La dirección de Dios para hoy nunca contradice su Palabra" y "Su llamado será persistente". Pero el fin de semana probó ser uno que me abriría los ojos; no hubiera esperado escuchar tantas confesiones de jóvenes cristianos.

La segunda noche que estuvimos allí, una de las chicas se sentó en mi litera y sollozó su historia de actividad sexual, diciendo: "Quiero volver a ser como era antes".

Otra jovencita me dijo que su novio la había dejado luego de haber tenido intimidad con ella. ¿Sus razones? Estaba desilusionado de que *ella* no hubiera sido más fuerte.

Mi amiga Rose es llamada con frecuencia para dar charlas a grupos de jóvenes. En una ocasión estaba hablando en una iglesia en Alta Loma, California y estaba trayendo a colación el punto que los adolescentes debían hacer buenas elecciones ahora para no tener que arrepentirse luego.

Justo en ese momento, en una de esas coincidencias maravillosas, el pastor asistente entró al salón y se paró calladamente en la parte de atrás. Sorprendida al verlo, se lo quedó mirando por un momento; entonces, con perplejidad, lo llamó por su nombre.

Se veía aturdido al verla. "¿Rosie?", preguntó sorprendido.

A la asustada audiencia le dijo: "Más de 30 años atrás en Romulus, Michigan, yo salía con su pastor. ¿Cómo nos sentiríamos ahora al volver a vernos si hubiéramos intimado en ese tiempo?".

PLANIFICA POR ADELANTADO PARA LOS AÑOS EN QUE TENDRÁN CITAS

Unos pocos meses después de que Holly cumplió 12 años, preguntó cuando podría comenzar a salir con chicos. Quise agarrarme la blusa y comenzar a retroceder. Pero en cambio, le pregunté calmamente: "¿Cuándo piensas que sería el mejor momento para comenzar?".

Pensó por un momento, y luego dijo: "Yo pienso que los 16 es una buena edad".

No perdí tiempo. "Ésa es una buena idea, Holly. ¿Por qué no lo escribimos junto con algunos otros pensamientos?"

El contrato

Así que obedientemente redactamos lo que luego sería conocido como El Contrato. Nos sentamos a la mesa del comedor de nuestro hogar de Michigan y discutimos varias situaciones. Luego ella imprimió cuidadosamente las siguientes reglas.

- A los 14, al comienzo de primer año, un chico puede venir a hacer la tarea conmigo.
- A los 15, uno de los padres puede llevarnos a una cita en grupo.
- No tendré ninguna "verdadera" cita hasta los 16. El permiso de llegada será a las 11:00 P.M. o a la hora acordada entre mamá y Holly.
- No habrá besos hasta la Gran Fiesta de los 16 por elección de Holly.
- No tener novio hasta la universidad.
- No comprometerse en matrimonio hasta el cuarto año de universidad de Holly.
- No casarse hasta que Holly haya completado su grado universitario.
- A esta lista se podrán añadir reglas.

Holly escribió la fecha en la parte superior del papel y luego ambas lo firmamos. Lo doblé y lo guardé en un lugar seguro. Me había comprado a mí misma unos cuantos años de paz, o por lo menos así pensaba.

La resistencia

Todo iba bien hasta que fuimos a vivir a Nueva York. Escuché a mi hija decirlo, en la Escuela Intermedia de Fox Lane cada chica estaba teniendo novio cuando ella estaba en octavo grado. Cuando me insistía en que debía permitírsele también, le preguntaba calmamente: "¿Qué es lo que dice El Contrato, Holly?".

Más de una vez salía del cuarto pisando fuerte, murmurando: "Nunca más voy a firmar nada".

De alguna forma, sobrepasamos la escuela intermedia, pero me aterrorizaba la cercanía de su decimosexto cumpleaños cuando pudiera salir en citas grupales. Por cierto, no pasó mucho tiempo desde que cumplió 15 años, para que ella y un jovencito de su clase fueran los enamorados de la primera hora de almuerzo.

Insistí en conocerlo antes que pudieran ir a los bolos con el resto de sus amigos. Tuvo el buen tino de estar nervioso, pero me dio los detalles de a dónde iban, cuál de los padres manejaría y cuándo regresarían. Respiré hondo, sabiendo que el próximo paso estaba a la vuelta de la esquina.

La presión

En los meses que siguieron, podía ver por la tensión de Holly que estaba siendo presionada. El joven se había enterado de la determinación de Holly de no besar a nadie hasta cumplir los 16 años, ya que quería su gran fiesta de cumpleaños. Pero él pensó que podía cambiar su forma de pensar. Y comenzó a mostrar hostilidad hacia mí y El Contrato, diciendo que había engañado a Holly haciéndola firmar a los 12 años algo que no tenía relevancia para el mundo real, y que estaba siendo demasiado estricta con ella.

La discusión

Una tarde llegué tarde a casa con mi maletín lleno de artículos que debían estar revisados para la mañana siguiente. Pero Holly estaba exasperada, así que ignoré el trabajo. Durante la siguiente hora y media hablamos sobre las decisiones presentes que afectan las relaciones futuras.

Holly me informó que el proceso normal en su escuela era que el chico invitara a la chica a salir en su primera cita, y luego se besaban. Ella insistió que había esperado todos estos meses y que estaba cansada de tener un "tonto contrato" forzándola a esperar.

"Muy bien, Holly", dije finalmente. "Si quieres besarlo, hazlo. Pero recuerda, el trato fue que yo pagaría una fiesta de cumpleaños de los 'Dulces dieciséis' sólo *si* realmente era una fiesta de 'Dulces dieciséis'. La vida está llena de decisiones. No puedes tenerlo todo. Así que escoge."

La decisión

Lo creas o no, ella escogió su fiesta y le pidió que no la presionara más. Me gustaría informar que él quedó realmente impresionado por su actitud y que le dijo que la respetaba por tomar tal decisión. Por el contrario, terminó con ella y comenzó a salir con su mejor amiga.

De todos modos, justo antes de la fiesta ella recibió tanta atención de varios chicos que supieron lo de esta regla que ella se asustó. Un jovencito hasta le envió un increíble ramo de flores, esperando ser escogido como su escolta para esa noche. Pero, para ese entonces se sentía tan especial que escogió no hacer pareja con un sólo chico.

La precaución

Por la noche, luego que llegaron las flores, me había ido a la cama alrededor de las 11 p.m. Holly estaba hablando por teléfono, así que le indiqué que "fuera corta" y me tiré el acolchado sobre los hombros. Caí en un profundo sueño, pero soñé algo muy perturbador. Soñé que Holly estaba en su cuarto recogiendo serpientes del piso. Las sostenía en el aire, las examinaba, y luego se retorcían en sus manos.

Desperté sudando frío, con mi corazón palpitando por la intensidad del sueño. Miré hacia el pasillo y pude ver luz por debajo de su puerta, aunque ya era pasada la medianoche.

La encontré todavía en el teléfono. Le indiqué por señas que colgara. Entonces me senté en la cama y le pregunté por qué seguía despierta. Explicó que su antiguo novio la había llamado.

De repente, mi pesadilla tenía sentido. Le conté el sueño, y terminé con: "Holly, ten cuidado con quién vas a salir. No juegues con serpientes".

La resolución

Ella no salió más con él, y la frase: "No juegues con serpientes", rápidamente llegó a ser uno de nuestros códigos de familia.

Ahora comprendo que esta historia suena pasada de moda, pero no todos los adolescentes allá afuera están sexualmente activos. Recientemente, de hecho, la bella hija de una amiga me mostró su "anillo de promesa" que le recuerda su promesa de no tener sexo antes del matrimonio y no tomar drogas ni alcohol. Por cierto, los adolescentes de esta década no son los únicos que se han enfrentado a la presión sexual. Ni tampoco son ellos los descubridores de tal actividad. Y aunque no lo verbalizan, ellos necesitan —y quieren— protección en ese nuevo mundo que atemoriza.

PIDE CONOCER A QUIENES LES PIDEN LAS CITAS

A poco de mudarnos a Colorado, uno de los chicos del equipo de lucha le pidió a Holly que fueran a jugar a los bolos. Tenía la esperanza de poder posponer "la conversación" algunos meses más, pero ahí estaba: un joven guapísimo con un cuello como un tronco de árbol, pidiendo salir con mi hija.

La conversación

La conversación consistía en que el que saldría con Holly tenía que contestar una serie de preguntas sobre sus intereses, residencias previas, y antecedentes de familia.

Este jovencito estaba nervioso y se mantenía mirando hacia las escaleras, preguntándose cuando estaría lista Holly.

Sonreí. "Tranquilo. Ella bajará cuando terminemos."

Le señalé hacia la ventana donde podíamos ver su auto azul estacionado frente a la casa. Pronuncié el desafío típico de cualquier padre interesado: "Ese es un bonito auto. Obviamente, lo cuidas muy bien. Pero qué harías si un extraño viene a tu puerta una noche y te pregunta si puede tomarlo prestado, aunque añada que te lo cuidaría muy bien".

El chico sonrió comprendiendo rápidamente. "Le diría que tenía que conocerlo mejor."

Asentí con la cabeza. "Exactamente. Y tú has llegado aquí, pidiendo salir con mi hija por esta noche. Su valor es mucho más preciado para mí que tu auto para ti."

"Pero aunque nos hemos conocido, todavía no conozco mucho de ti. Ahora mismo, tú piensas que esto es ridículo, pero te garantizo que en unos cuantos años cuando un extraño venga a tu puerta para pedirte "prestada" tu hija por esa noche, pensarás en mí y dirás: "¡Aquella señora tenía razón!"".

Dejé que ese pensamiento le penetrara profundamente. Luego continué. "Otra cosa: ustedes dos están saliendo como amigos, pero he vivido bastante tiempo como para saber que las situaciones pueden cambiar rápidamente. Así que recuerda esto, trata a Holly de la manera en que esperas que otro chico esté tratando a la que será tu futura esposa."

Sus ojos se abrieron. Supe que había dado en el blanco y ganado el round.

El beneficio

Sólo un joven rehusó conocerme, así que Holly le dijo que no la llamara más. "Es como mi mamá dice: 'No te tiene que gustar; simplemente tienes que hacerlo'", le dijo.

Luego ella confesó que estaba agradecida por esta regla porque el chico la había puesto nerviosa. Por supuesto, aprecié su comentario, pero también subraya el hecho de que ella contaba con mi manera de criarla para su protección.

RECONOCE QUE LA ORACIÓN TIENE MÁS PODER QUE
LA CONVERSACIÓN

Si, en caso que te estés preguntando, también conocí a las que salían con Jay, pero usualmente durante el almuerzo en nuestra casa y sin tensión. Como era reacio a tener a "la buena de Mami" como chofer para sus citas, había decidido salir con varias chicas en las actividades del grupo de jóvenes hasta que tuviera su licencia para manejar.

Y yo no aterrorizaba a las chicas de la misma manera que lo hacia con los luchadores. En su lugar, hablé con mi hijo acerca de su responsabilidad en al tener citas. Increíblemente, sin embargo, esas conversaciones con los chicos que querían salir con Holly eran casi más fáciles comparadas con las conversaciones privadas que tuve con Jay. Recuerdo los días cuando las madres tenían que enseñarles a sus hijas a decir que no. Bueno, la madre de hoy día tiene que enseñarle a su *hijo* a decir no.

Confieso que en ocasiones una parte de mí anhela el día en que Jay y Holly sean adultos, y ya no tenga que estar tan vigilante. Pero mis viejas amigas se ríen, diciéndome que mi trabajo no terminará para entonces. "Sólo espera hasta que tus hijos se cambien en nietos", dicen.

¡Ay!

Pero a través de los años, aprendí que mis oraciones tienen más poder que mis conversaciones. Así que, créeme, oré *mucho* antes —y continúo con esa tan necesaria práctica.

Como aquellos padres de antes que arguyeron en contra de que discutiéramos sobre el sexo en el grupo de jóvenes de nuestra iglesia, quería pretender que mis adolescentes estaban por encima de esas tentaciones, pero yo sabía la verdad. Nosotras las madres solas quizás no atravesemos esto tan bien como nos gustaría, pero hablando con nuestros hijos —y con el Señor— y estando siempre atentas, aumentamos nuestras oportunidades de criar hijos que hagan sanas elecciones morales.

¿Acaso no es esta nuestra meta?

Repasemos con sensibilidad

→ Puedes atravesar este tiempo si mantienes altos tus estándares morales y sigues hablándoles a tus adolescentes sobre los suyos propios.

→ Contesta las preguntas que no se han formulado. Con frecuencia, los hijos necesitan que anticipes y contestes esas preguntas que no pueden verbalizar.

→ Los sentimientos sexuales no tienen por qué ser seguidos. Aunque no podamos controlar los sentimientos, sí podemos controlar las acciones.

→ Los consejeros nos dicen que el 98% de los adolescentes varones se masturban y que el otro 2% miente al respecto.

→ Enfatízales a tus adolescentes la meta de vivir ahora sus vidas de tal manera que no tengan de qué arrepentirse después.

→ Planifica con anticipación para el tiempo en que tus adolescentes comenzarán a tener citas. Pon en claro lo que vas a decir y hacer.

- Idea con tus adolescentes reglas que rijan sus citas, y luego escríbanlas. Los contratos escritos nos ahorran cantidad de líos inimaginables.
- Los adolescentes de esta década no son los únicos que han debido enfrentar la presión sexual. Y aunque no lo verbalicen, ellos necesitan —y quieren— protección contra ese atemorizante mundo nuevo.
- Conoce a los que saldrán con tus adolescentes antes de la cita.
- Recuerda que la oración tiene más poder que la mera conversación, así que ora ¡mucho!

CAPÍTULO 6

Pelear con las cuentas y ganar la guerra

Más vale tener poco, con temor del SEÑOR,
que muchas riquezas con grandes angustias.
Más vale comer verduras sazonadas con amor
que un festín de carne sazonada con odio

Proverbios 15:16-17

Tengo en mis archivos una copia de la carta de una madre sola, la cual llegó a la oficina de Enfoque a la Familia un poco después de mi aparición en su transmisión diaria.

Comienza con: "Querido Dr. Dobson, realmente me molesta Sandra Aldrich".

Luego la remitente comenzó a describir el caos financiero en que el divorcio la había dejado mientras que a mí me habían "dejado todo ese dinero".

¿Qué? ¿Me han dejado dinero? Wow, no sabía eso. Súbitamente, me sentía entusiasmada.

Obviamente, lo digo con ironía. Sé demasiado bien que a mí ninguna ganancia me cayó del cielo. De hecho, mi esposo ni siquiera se molestó en crear un programa de ahorros básico. Sí, las finanzas fueron nuestro mayor tema de discusión por causa de nuestros diferentes orígenes. En el colegio, él tenía su propia cuenta corriente, que sus padres reabastecían cuando les pedía. Yo, por mi parte, fui criada en una familia que decía que uno tiene que ahorrar dinero para los días difíciles, aunque nos cueste un gran sacrificio.

En una ocasión le dije: "Tenemos que comenzar a ahorrar. No quiero terminar como una vieja pordiosera".

Se rió. "¿No lo entiendes, verdad? No quiero que le suceda nada a mi padre, pero algún día nos dejará una herencia enorme. No tenemos que preocuparnos por nada."

Inadvertidamente, temblé, quizás por una premonición.

"No sé lo que va a pasar", le contesté. "Pero no es así como van salir las cosas."

Y, lamentablemente, yo estaba en lo correcto. Cuando mi esposo murió, fui lanzada en aguas financieras turbulentas, como cualquier otra madre sola. Sí, recibí un pequeño arreglo de dinero de su distrito escolar, pero ni se acercaba a lo que hubiera sido su salario.

Pero, ¿por qué la escritora de aquella carta dirigida al Dr. Dobson estaba molesta conmigo? Porque ella *asumió* la realidad. Y en su propio dolor, pensó que el resto del mundo estaba mejor que ella. No, no fue el dinero lo que nos mantuvo a mí y a mis hijos fuera de las calles, sino mi educación arduamente lograda. Mi primer trabajo pago fue a los 13 años, cuando en una casa de retirados necesitaban ayuda en la cocina y estaban dispuestos a pasar por alto mi edad. Durante la escuela secundaria y la universidad trabajé como portera, mesera, directora de deportes de verano, secretaria, niñera, y haciendo de todo un poco, para nombrar sólo algunos trabajos. Guardaba lo que ganaba los ahorraba para la universidad. Las monedas perdidas en las aceras eran auténticos tesoros.

Así que si tú quieres molestarte conmigo, escoge otras razones. Moléstate, porque me abrí camino en la universidad cuando mis amigos se daban de baja para comprarse hermosos autos y viajar por toda Europa. Moléstate, porque no debo ir a pedirle permiso a un juez para mudarme de estado. Moléstate, porque no tengo que compartir los fines de semana y los días feriados con el padre de mis hijos y su nueva familia. Pero, por favor, no te molestes conmigo por el cheque de un seguro imaginario.

Obviamente, espero que no te molestes conmigo por ningún motivo. Después de todo, nuestros retos como madres solas son difíciles, sin importar cómo hayamos llegado a esta situación. Y necesitamos el estímulo y la fuerza que otra madre sola veterana pueda ofrecernos.

¿Dónde está mi fe?, preguntas

Algunas personas se molestarán por haber incluido este capítulo en el libro, diciendo que si mi fe fuera firme, no tendría que preocuparme por pagar las cuentas. ¡Pero siempre me ha asombrado que la gente que aconseja a las madres solas no preocuparse por el dinero es la gente que no tiene motivos para preocuparse por el suyo!

Mi fe está intacta, gracias, y ciertamente creo que Dios provee para sus hijos. Sin embargo, también creo en el viejo dicho: "¡Dios da a cada ave su comida, pero no se la echa dentro del nido!".

A otras personas les gusta recordarme que el dinero es malo. Incorrecto. Primera de Timoteo 6:10 dice: "Porque raíz de todos los males es el *amor* al dinero" —no el dinero mismo— (rv60) (énfasis añadido).

Jesús pagó por nuestros pecados en la cruz (ver Filipenses 2:5-8; Colosenses 1:20), pero nos corresponde a nosotros pagar nuestras cuentas personales. Y porque el Señor comprende que tenemos cuentas que pagar, quiere que hablemos de nuestras finanzas con Él.

Págale a Dios primero

Un área que debemos cuidar en primer lugar es el diezmo. Aunque el diezmo es una práctica basada en el Antiguo Testamento, más que un mandato del Nuevo Testamento, estoy convencida de que sostener la obra de Dios es una de nuestras responsabilidades. Durante años he ayudado a tres familias de misioneros además de dar a nuestra iglesia local.

Algunos pastores enseñan que debemos sostener a nuestra iglesia local con el diezmo completo y luego sostener a misioneros con ofrendas más allá del diezmo. Recuerdo, por ejemplo, un pastor de Detroit que dijo: "Sostén el lugar donde adoras. Después de todo, no cenas en un restaurante y luego vas y pagas la cuenta en otro".

Bien punto. Pero habla sobre tus ofrendas con el Señor, y pregúntale qué quiere Él que hagas con tu diezmo. Si estás convencida de que no puedes dar un diezmo monetario completo por ahora, considera diezmar tu tiempo o talento enseñando en una clase en la escuela dominical o pintando un mural para la guardería infantil. Lo importante es devolverle al Señor una porción de lo que Él te ha dado.

Una precaución aquí, sin embargo: como quiera que decidamos pagar nuestro diezmo, debemos hacerlo con un espíritu de agradecimiento en lugar de esperar que Dios nos volverá a dar "10 veces más" o "multiplicado por cien", como algunos predicadores insisten. Por supuesto, nunca podremos superar al Señor en dar, pero tampoco Él nos *debe* nada.

LO QUE NECESITAMOS SER

Sé resuelta

Haz reglas y mantenlas. El 1º de enero último, en un programa radial, el consejero financiero cristiano Larry Burkett presentó cuatro importantes resoluciones que debemos estar dispuestos adoptar y que nos ayudarán a manejar nuestras finanzas.

- No utilice tarjetas de crédito.
- Reduzca las deudas existentes.
- Cada mes cuadre su libreta de cheques hasta el último centavo.
- Decida vencer su mayor problema financiero personal, ya sea gastar en exceso o comprar impulsivamente.[1]

A esa lista, añadiría sólo esto:
- Ora por cada gasto y permite que el Señor te muestre maneras creativas para resolver tus problemas financieros.

Descarta la envidia hacia cualquiera que piensas que tiene una vida más fácil. Conozco varias parejas casadas que también luchan para pagar sus cuentas.

Di no muchas veces. ¿No desearías tener un dólar cada vez que escuchamos a nuestros hijos decir: "¡Es que *necesito* unos jeans!"?

Me encanta comprarles ropa a mis hijos, así que ésa fue un área en la cual realmente tuve que ponerme dura conmigo misma. Una cosa que me ayudó fue hacer participar a ambos adolescentes en mis sesiones de escribir cheques. Observaron muy sorprendidos cómo el depósito disminuía constantemente mientras escribía los cheques para pagar la casa, los servicios públicos, los comestibles, el mantenimiento del auto, y otros numerosos gastos de poca monta.

Otra amiga decidió usar una ayuda visual más espectacular. Cambió su cheque de sueldo por dinero en efectivo, al que luego agrupó en montoncitos sobre la mesa. Permitió a los niños que tocaran el dinero y exclamaran: "¡Oye, somos ricos!". Luego comenzó a pagar las cuentas, pidiéndole a cada niño que tomara su turno en contar la cantidad que se necesitaba. Al final, quedaban nueve dólares, pero seguía habiendo tres cuentas sobre la mesa. "¿Qué debemos hacer ahora?", les preguntó. Había logrado que comprendieran el tema, y no tuvo que volver a usar la ayuda visual.

Las madres solas podemos ayudar a nuestros hijos a establecer límites realistas rehusando pagar extra o por encima de su asignación para gastos de ropa. Es increíble cómo nuestros adolescentes no necesitan tanta ropa cuando tienen que pagar ellos por todo lo que exceda de la cantidad establecida.

Algunas de mis amigas resuelven el problema dándoles por adelantado toda su asignación anual para ropa el día de su cumpleaños, y les anuncia que les tiene que durar el año completo. Pero eso no funciona si no puedes soportar el observar a tu adolescente gastar su cuota completa en una prenda "perfecta" a principios de año y luego vestirse de ropa gastada y descolorida el último par de meses antes de que el nuevo presupuesto esté disponible.

No tenía suficiente dinero para darles a mis chicos por adelantado su cuota anual para ropa de una sola vez. Pero aunque lo hubiera tenido, probablemente me hubiera derrumbado más tarde si comenzaban a verse mal vestidos. Entonces, lo que funcionó para mí fue fijar un monto para usarla en cada adolescente durante el año y luego decir no muchas veces.

Piensa en los demás, no en las cosas. Cuando estábamos en Nueva York y nos abrumaba de nuevo el deseo de poseer *cosas*, echaba todo a un lado (las madres *tienen* permiso de hacer esto) y planeaba un viaje de un día a la ciudad de Nueva York.

Tomábamos el tren el sábado por la mañana de las 10:03 A.M. en la estación de Chappaqua y hacíamos un fascinante viaje de unos 55 minutos hacia el sur. Jay y yo nos maravillábamos de la gente que representaban todos los niveles sociales en la estación Grand Central, desde corredores de impuestos tipo "Wall Street" hasta la gente que mendiga monedas. Pero Holly se sentía como si la hubiera sentenciado a un día intolerable de suciedad y ruido. Por la noche, cuando los tres llegábamos a la casa, siempre tenía una nueva apreciación de nuestro limpio y confortable hogar.

Un sábado en diciembre, por la mañana temprano, una señorona forrada en pieles se subió al tren con nosotros en Chappaqua y gorgojeó por 45 minutos a su hija preadolescente sobre sus planes de compras para Navidad en varias tiendas caras.

Mientras nuestro tren se detenía en la estación de la calle 125 —localizada en el corazón de una de las áreas más congestionadas de la ciudad de Nueva York— la mujer miró hacia fuera por la ventana y ante los edificios decrépitos exclamó: "¡Ug! ¿Por qué no se mudan de aquí?".

Holly se volvió hacia mí, aturdida por la falta de sensibilidad de esta mujer ante las condiciones económicas. Asentí con la cabeza lentamente en reconocimiento, pero la mujer había dado en el blanco sobre el tema del materialismo mucho mejor de lo que yo lo hubiera explicado.

Y vive de acuerdo con tus medios. Cuando éramos una familia con doble salario, hicimos compras que eran ridículamente innecesarias. Como madre sola, nunca tuve que preocuparme por eso, porque estuvimos forzados a vivir de acuerdo con nuestros medios.

Para ayudarme a mantener mi presupuesto en línea, siempre me he rehusado a pagar aventuras con una tarjeta de crédito. Aún deudas pequeñas pueden meternos en una espiral descendente hacia el desastre financiero. ¡Además, endeudarse es un camino seguro a no tener nada!

Vivimos en una sociedad que identifica el dinero con el éxito y la bendición, así que los cristianos norteamericanos solemos tener un problema especial en esta área, sobre todo porque queremos que nuestros hijos se integren y que tengan todo lo que nosotros no tuvimos. Pero recuerda, Dios ha prometido suplir nuestras *necesidades* —no nuestros *deseos*— así que deja de lado el pensamiento de que si le somos fieles, Él nos va a dar todo lo que queremos. Insisto en que Él desmentirá la creencia de incontables cristianos de zonas urbanas deprimidas, de mis amadas montañas de Kentucky y de países del Tercer Mundo.

Sé valiente

Pude que ocasionalmente también tengas que usar un poco del antiguo sentido común.

Cuando mi amiga etíope, Marta, y su familia llegaron a Estados Unidos luego de escapar de los marxistas que se habían posesionado de su nación, estaba convencida de que una casa les ayudaría a reconstruir sus vidas. Pero habían llegado a los Estados Unidos como refugiados; no tenía dinero para el pago inicial. Tras mucho tiempo en oración, visitó el presidente del banco local. Impacientemente él le pidió que le explicara su caso con rapidez.

Marta describió la casa que ella quería, confesó que no tenía dinero, pero enfatizó que trabajaba duro. Y luego pasó sus dedos por el borde de su escritorio.

"Estoy aquí. Puedo caer en esta dirección", dijo, y —para subrayar su argumento— señaló hacia el sólido escritorio. "O puedo caer hacia acá", y señaló hacia el piso. "De usted depende hacia dónde voy a caer."

Él la observó por largo tiempo. Al fin llamó al oficial de préstamos a su oficina. "Encárgate de todo lo que esta mujer necesita", fue todo lo que dijo.

¡Marta y su familia obtuvieron su casa!

Sé creativa

Quiero recordarte que no debemos ser multimillonarios para pagar nuestras cuentas. A veces, sugerencias de maneras creativas de hacer dinero extra aparecen en lugares interesantes.

Convierta su basura en tesoro. En una ocasión encontré en una revista un artículo tipo "de basura a tesoro", alertándome sobre la posibilidad de que la vieja y gastada lámpara que tenía en el guardarropa fuera un artículo de colección valuado en $100. ¡Antes de leer el artículo, había planificado vender esta vieja reliquia en nuestra venta de garaje anual, probablemente con una etiqueta de precio de $2!

Aparte ahora algo para las pequeñas necesidades más tarde. Además del universal cajón de trastos viejos, tengo otros dos cajones especiales que me ayudan a sobrellevar los problemas financieros: el cajón de monedas sueltas y el cajón de regalos.

Como Jay y Holly siempre parecen necesitar de un dólar para algo de la escuela, cada tantos días echo monedas sueltas y algún ocasional billete de un dólar sobrante en un cajoncito. Más de una vez, en adición a los cargos por excursiones escolares, el sobrante del cajón me ha provisto lo necesario para medio tanque de gasolina o hasta para un viaje no planificado a nuestro negocio de helados favorito.

El contenido del segundo cajón —el cajón de regalos— me ha ayudado en más de una ocasión en que necesité un regalo de último momento. Cada vez que veo una mesa de pichinchas con artículos como un libro de cocina Amish o un lindo objeto de escritorio, lo compro a precio reducido y lo almaceno para esas "emergencias."

Intenta hacer las cosas para Navidad por ti misma. Los días festivos nos tiran otra bola pesada dentro de la mezcla de bolas de malabaristas que las madres solas ya estamos moviendo.

Ante la proximidad de una Navidad en particular, me encontré a mí misma diciendo: *¿Cómo vamos a hacer con los regalos?*

Aprendí mucho tiempo atrás que el mejor regalo que podemos dar a nuestros hijos es un recuerdo agradable. Jay y Holly no recuerdan los juguetes costosos y las decoraciones intensas que fueron parte de sus primeros días festivos —cuando éramos una familia con doble salario— pero sí recuerdan nuestro primer diciembre como familia de tres. Hicimos impulsivamente chaquetas de nieve sobre nuestros pijamas una medianoche para hacer ángeles de nieve en el césped del frente.

Pensé en las libretas de cupones que hicieron cuando estaban en la escuela elemental. Todavía conservo el que Holly hizo para mí cuando tenía 7 años. En letras grandes temblorosamente impresas, prometía ayudarme con las compras del mercado y sacar el polvo de abajo de las mesas. Quizás redimiré esos cupones cuando llegue a los 90 años.

Para nuestra primera Navidad en Colorado, la mudanza había drenado los recursos de la familia, así que era tiempo de volver a los regalos creativos. Los cuatro adultos y 10 niños de la Pandilla de Objetos Perdidos venían para la cena de Navidad, pero íbamos a pensar un poco en dar regalos. Así que a tres semanas de la Navidad, y hablando sobre una económica cena de pasta, los adultos y yo acordamos que los únicos regalos que intercambiaríamos serían actos de servicio o artículos hechos por nosotros mismos.

¡Esa Navidad fue increíble! Nuestra parte del día como familia comenzó con nuestro propio intercambio de regalos por la mañana temprano, cuando Jay le entregó a Holly vales para ayudarla en matemáticas, y Holly prometió hacerle varias de sus tareas de lavandería. Uno de los regalos de Jay para mí fue una hoja de cupones por ocho caminatas largas, ¡un sacrificio porque no soy buena caminante! Uno de los regalos de Holly fue un poema de rima libre titulado "Ser Madre" en el cual me agradecía por ser "una gran persona y mamá."

Por supuesto, lloré cuando lo leí. ¡Después de todo, a muchos padres o madres no les dicen cosas así hasta que están muertos! No tener dinero forzó a los chicos a buscar obtener soluciones creativas e ideas que espero algún día compartirán con sus propios hijos.

Una pocas horas más tarde, nuestros invitados llegaron para cenar, trayendo cada uno un plato especial para crear una mesa abundante. Cuando llegó el momento de abrir los regalos, intercambiamos platos de galletas, promesas de ayudar con tareas o diligencias y regalos hechos en casa, tales como candelabros verdes. Fue un día increíble, y todo porque estábamos decididos a no dejar que la falta de dinero estropeara nuestra diversión.

Sé sabia

Mi corazón late por las jóvenes madres que necesitan encontrar un abogado de confianza y con honorarios razonables que pueda manejar la montaña de detalles involucrados en un divorcio. Pide recomendaciones en tu iglesia. Llama a la cámara de comercio de tu localidad para obtener una lista de oficinas legales que ofrezcan servicios *pro bono* (gratis). No te cruces de brazos y te dejes abrumar.

Algunas personas luchan con la pregunta de si todo este proceso es bíblico. Si te sientes insegura de buscar consejo legal, por favor, recuerda que Dios mismo ordena los gobiernos y ha dicho que tenemos que someternos a sus leyes y prácticas. También, si temes por tu seguridad, no lo pienses dos veces para llamar a la policía para obtener una orden de restricción. Tu seguridad —tanto como la de tus hijos— es lo más importante.

Una abrumadora mayoría de padres en toda la nación no está pagando la manutención de sus hijos como se comprometió. Muchos, si se pueden salir con la suya, evitan totalmente sostener a sus hijos. Otros que pagan a regañadientes —y que preferirían no tener que pagar nada— trabajan duramente para lograr la reducción de sus pagos, no proveyendo lo que en justicia es su obligación.

Recientemente, por ejemplo, mi amiga Allison recibió una nota oficial diciéndole que su ex esposo había solicitado una reducción *a la mitad* de su cuota alimentaria. Las luchas financieras de Allison ciertamente habían puesto en perspectiva mi propio dolor. Por lo menos no tenía que escuchar los horribles comentarios de un ex esposo sobre "tirar el dinero en una cueva de ratas" para sostener a los hijos que él había engendrado. Ni tampoco me tenía que encoger cuando el cartero traía otra carta de Amigos del Tribunal.

Y sé realista

Por poco que nos guste, tenemos que ser realistas y reconocer que —contrariamente a nuestras expectativas optimistas, sueños maravillosos y fantasías deleitosas— la vida no siempre es justa.

Las estadísticas reportan que después de un divorcio, el ingreso de una madre sola se reduce por lo menos a la mitad. Y es ahí donde reside la mayor envidia de las mamás solas: si su esposo anterior hubiera muerto, no tendrían el dolor de cabeza de un ex, aparte que probablemente podrían tener siquiera algo de dinero.

Pero como establecí anteriormente, las viudas no necesariamente heredan mucho dinero. Además, el padre de mi esposo cambió su testamento para dejar el grueso de su dinero a sus dos hijos sobrevivientes, diciéndoles: "Esta familia siempre le ha dejado el dinero a los hijos, no a los nietos. Cualquier cosa que Jay y Holly necesiten, su madre se asegurará de que lo tengan."

Supongo que debería aceptar su comentario como un cumplido, pero duele pensar que mis hijos fueron dejados de lado porque trabajo duro. Y, al principio, me quejé al Señor por esta injusticia.

Entonces, una tarde soleada en que esperaba en el estacionamiento de la escuela para recoger a Jay y a Holly, leí Hebreos 6:10: "Porque Dios no es injusto para olvidar vuestra obra y el trabajo de amor que habéis mostrado hacia su nombre, habiendo servido a los santos y sirviéndolos aún."

Las palabras eran tan exactamente lo que necesitaba que si un ángel hubiera golpeado la ventana de mi auto y me hubiera hecho señas con el pulgar levantado, no me habría sorprendido. He pensado en esa afirmación numerosas veces, especialmente cuando reaparecen esos sentimientos de "no es justo". Y Dios tampoco te ha olvidado a ti ni a tus hijos.

TRATA DE PENSAR DOBLE

Considera el doble deber

Varios amigos casados tienen dos trabajos —con frecuencia de menor categoría— para evitar perder su casa ante el cierre de su compañía. Y cuentan las monedas que tienen en el frasco de la cocina para comprar gasolina como lo hacemos las mamás solas.

Es casi un hecho para las madres solas tener un segundo trabajo. Allison trabaja un turno doble de enfermera durante los fines de semana en que su ex esposo tiene los niños. Laura hornea y decora tortas después de un largo día como cajera. Chris, una maestra de escuela elemental, ofrece clases de piano por las noches.

Considera doblar los recursos

Algunas mamás solas tienen que hacer ajustes todavía mucho más grandes: achican el costo de vida rentando un apartamento con otra madre sola. Eclesiastés 4:9-10 sostiene esta idea: "Más valen dos que uno, porque obtienen más fruto de su esfuerzo. Si caen, el uno levanta al otro. ¡Ay del que cae y no tiene quien lo levante!"

Por supuesto, puede ser difícil encontrar un arrendador que les rente a dos madres con sus hijos. Pero conozco a dos hermanas de Michigan —con cinco hijos entre las dos— que oraron y tocaron varias puertas y finalmente convencieron a un dueño de que les rentara por un periodo de prueba. Durante los últimos cinco años, han mantenido el hogar tan ordenado que el propietario también ha rentado a otras madres solas.

Una advertencia, sin embargo: no existen relaciones perfectas aquí en la tierra, así que hablen de todo con la otra persona antes de entrar en tal arreglo.

¡No des nada por sentado!

AHORRA AHORA PARA TU RETIRO

Los artículos de revistas y libros sobre finanzas nos ofrecen buenos consejos sobre inversiones, pero muchas de nosotras no podemos seguirlos porque estamos arañando para comprar comida. Seguimos con la esperanza de ahorrar dinero el "año próximo", pero el año próximo parece que nunca llega. Mientras tanto, nos encontramos más y más adentradas en el camino de la edad de retiro.

Si tu situación es como la mía, no tienes fondos para invertir ahora. Pero escúchame. Tienes que apartar algo para tu retiro —aunque sea un dólar a la semana— en una cuenta que nunca toques.

Comprendo que la mayoría de los bancos requieren un balance mínimo de un par de cientos de dólares. Pero si hablas con un funcionario del banco, las reglas pueden adecuarse para cuentas que no permiten que se retire dinero. Además, hay algo en ver que una cuenta aumenta que nos alienta a ahorrar mucho más.

Y verifica el plan de retiro de tu trabajo. Para muchas de nosotras ésa es la manera más fácil de ahorrar, ya que el dinero es retirado antes de que lo veamos.

También puedes considerar la idea de navegar una noche por la Internet para explorar ideas de cómo ahorrar e invertir. Pero no recomiendo establecer una cuenta en línea sin consultarlo con alguien de tu banco local o de tu oficina de asesores impositivos.

Si no tienes acceso a la internet en la computadora de tu hogar, tu biblioteca te puede ayudar. Mi biblioteca local me permite usar las computadoras por una hora diaria gratis. Puedes también buscar revistas y libros en la sección financiera mientras tus hijos están buscando libros. Antes que fuera forzada a comprender diferentes maneras de pagar mis cuentas y a planificar ese "no tan lejano" retiro, nunca había sabido que nuestra librería tenía suscripciones de cada revista de finanzas y que tenía decenas de libros recientes que ayudan a organizar un presupuesto. Sin duda alguna, la tuya también los tiene.

Si eres como yo, debes estar pensando: *No tengo tiempo de leer el periódico, ¿Cuándo voy a tener tiempo de leer una revista de finanzas o de navegar en la Web o siquiera pensar en un presupuesto? Y mi niño de dos años jamás podría "explorar" silenciosamente.*

Bueno, si tus hijos son pequeños, y no tienes acceso a la Internet desde tu casa, quizás podrías canjear los servicios de una niñera por una noche de silencio cada mes. En cualquier caso, ésta es una de esas bolas que no queremos dejar caer.

Haz inventario de todo

Inventario de la casa

Probablemente posees más de lo que piensas. Tomé conciencia de ese hecho cuando acepté un trabajo en Nueva York, y mi agente de seguros insistió en que le diera un inventario de la casa. Pase varias horas haciendo una lista de *todas* las cosas que había en nuestro hogar incluyendo las bufandas de mi aparador y cada muñeca del armario de Holly. Cuando terminé, estaba asombrada de todos los artículos que he acumulado a lo largo de los años.

Inventario financiero

Ese pequeño ejercicio me motivó a hacer también un inventario financiero. Un inventario financiero es sencillamente una lista de tus activos y pasivos. Traducido, esto simplemente significa que conoces cuanto dinero entra y cuanto sale cada año.

Haz una lista real de tus fuentes de ingreso y montos, ahorros e inversiones. Luego haz una lista de tus deudas incluyendo la casa y el auto. El simple poner esto en papel te dará el mismo sentido de control que me dio a mí.

Provee para la posibilidad de tu muerte

No me gusta pensar en esto, pero las madres solas también mueren. En caso de que algo inimaginable suceda, ¿quién criará a tus hijos? Probablemente tu ex esposo, a menos que se hayan hecho otros arreglos. ¿Y quien los criará si eres viuda? ¿Y qué acerca de tus bienes duramente ganados? ¿Pertenecerán a tus hijos o tu ex esposo se los llevará bailando un vals?

Actualiza tu testamento

Contestar preguntas como éstas nos hace comprender por qué las madres solas necesitamos un testamento actualizado para poder proveer para nuestros hijos.

Como nuestras circunstancias han cambiado muchas veces a través de los años, Jay y Holly han tenido varios tutores. Cuando estábamos en Nueva York, Carl y Marilyn —queridos amigos de nuestra iglesia de Michigan— consintieron en tomar esa responsabilidad.

Carl y yo hemos enseñado juntos durante 13 años, y él y Marilyn tienen el antecedente de un camino aprobado con sus 6 hijos. Habíamos planeado que si yo moría, Jay y Holly regresarían a Michigan para terminar la escuela secundaria. Pero una vez que Jay cumpliese 18, él podría tomar la responsabilidad de ser tutor de Holly, y podrían quedarse en Colorado. Estoy agradecida de haber vivido para verlos convertirse en adultos. Pero estábamos preparados, por si acaso.

Haz una lista de toda la información importante

Mantén una lista actualizada de todos los papeles legales importantes, direcciones y cualquier otra cosa como ésta, en un lugar donde tu familia pueda encontrarla si fuera necesario. También dale una copia a tu abogado. Recalco, muchas oficinas legales tienen prevista la prestación de ciertos servicios *ad honorem.*

¿Tienes un fondo de retiro? Quizás tienes una jubilación ofrecida por tu compañía. Mantén actualizada toda información relevante sobre tus papeles legales.

Recuerda que algunas compañías ofrecen beneficios para los sobrevivientes aparte del seguro.

Mis pocas páginas de "planes futuros" comienzan con información que se necesitaría en el caso de mi muerte o incapacidad. Luego tengo enlistados los nombres y direcciones de parientes cercanos, el nombre de mi abogado y su dirección, y los arreglos funerarios en general.

También he listado las pólizas de seguro de vida, de mi auto, y de la casa. Luego hice una lista con el nombre y número de teléfono de la compañía hipotecaria, y también los números de cuenta corriente y caja de ahorros.

Por mi trabajo debo volar con frecuencia. Pero no tengo que gastar energía preocupándome por el caos resultante si muero, ahora que mi testamento y mis asuntos están en orden.

Si estás horrorizada por lo que acabo de decir y estás pensando: *Eso es algo morboso*, míralo de esta manera: Estar preparado para sucesos imprevisibles es como ser dueño de una sombrilla. Rara vez la necesitarás, a menos que no pienses necesitarla.

Haz que tus hijos participen

Los niños necesitan tener control de su propio dinero, así que aún en su preadolescencia, les proveía a Jay y a Holly de una pequeña asignación. A cambio, se esperaba de ellos que limpiaran la mesa y pusieran los platos en el lavavajillas en días alternados, hicieran tareas de limpieza liviana y mantuvieran sus cuartos arreglados. Acepté sus diferentes definiciones de "arreglado".

Además, hice una larga lista de tareas extras —barrer el garaje, apalear la nieve, limpiar el armario— por las cuales les pagaba extra.

Y, para equilibrarlo, les cargaba a su cuenta cuando perdían el autobús, y tenía que servir de taxi llevándolos a clases. Un día hasta les advertí que como mi agenda estaba tan ocupada, si los tenía que llevar a la escuela, el precio sería de cinco dólares. ¡Hubieras visto cómo estos jovencitos se apresuraban ahora a salir de sus cuartos!

Una parte importante de proveer entrenamiento del trabajo diario para tus hijos es conocer sus diversas habilidades. Jay podía pararse sobre una montaña de ropa para lavar y decir que nunca la había visto. Pero si le dabas a pintar un cuarto, el trabajo estaba terminado enseguida, especialmente si tenía su radio para escuchar su estación favorita.

Holly, por otro lado, no podía tolerar algo desarreglado. Aunque fuera su turno para cocinar, limpiaba mientras cocinaba.

Quizás tus hijos también son opuestos. Si es así, probablemente ya has aprendido que sería tonto de tu parte si esperaras obtener los mismos resultados de diferentes personalidades.

MANTÉN UN BUEN REGISTRO DE TUS IMPUESTOS

Si eres muy organizada, querrás saltarte esta sección porque mi método de preparar mi rendición de impuestos anual les da dolor de cabeza a las mentes muy lógicas. Pero realmente funciona para mí.

Durante todo el año, echo todos mis recibos en el cajón del medio de mi tocador. Luego, alrededor del 1º de enero, comienzo a preocuparme de organizarlos en varios montoncitos: recibos de misiones y caridad, de mis ingresos y gastos como escritora independiente, intereses de la hipoteca, gastos profesionales, y así por el estilo.

Cuando estoy cansada de temerle a esta tarea, finalmente declaro una noche en particular como la "noche de impuestos" y los arreglo a todos en montones. Cuando vivían en casa, Jay y Holly anticipaban la llegada de la noche de impuestos y trataban de tener planificada alguna otra cosa.

Entonces, una vez que todo esta organizado, se toma otra noche para totalizar todos los números y tenerlos listos para el preparador de impuestos. Si eres más organizada que mi "sistema de montoncitos", quizás quieras invertir en un programa como "Quick Books" o Excel. Escojas lo que escojas, sin embargo recuérdate a ti misma todo lo que ya has vencido. Esto es sólo una valla más, que tú *puedes* saltar.

RECUERDA, DIOS OBRA DE MANERAS MISTERIOSAS

Aún con planes muy cuidadosamente pensados y mucha oración, las circunstancias de la vida no siempre salen de la manera que queremos.

Crisis

Tan pronto nos acomodamos en Colorado, supe que la compradora del condominio de Nueva York con excepción del estacionamiento— había hecho una lista de todos los bienes que ella esperaba tener para el momento del cierre en lugar de lo que realmente tenía. Como resultado el trato cayó.

De repente, ya no era la orgullosa dueña de dos hipotecas. Mientras tanto, los problemas de la economía causaron que el mercado en la costa este cayera. Mi primer empleo a los 13 años me había enseñado el valor del dólar centavo por centavo, así que estaba aterrada por el monto que perdería si me viera forzada a devolver el desembolso inicial que había pagado por el condominio.

Preguntas

El giro de los acontecimientos me catapultó en casi dos meses de releer las Escrituras que sentía me habían guiado a mudarme al oeste. Luché con el temor de que de alguna manera había perdido la dirección de Dios y con frecuencia tenía que sacudirme mentalmente y recordarme a mí misma que mi motivación para una mudanza tan rápida fue traer a Jay y a Holly a Colorado antes de su primer día de clases.

Cuanto más leía la Palabra, más segura me sentía de que Dios había abierto las puertas para la mudanza. También recordé dos cosas: Dios le ha prometido a sus hijos aflicción (ver Juan 16:33), y que Él siempre estará con ellos en la aflicción (ver Juan 16:33 nuevamente).

Tomé mi decisión basándome en la información que tenía en ese momento, y ninguna percepción retrospectiva iba a cambiar la forma en que las cosas estaban saliendo. Todo lo que podía hacer ahora era entregarle la situación al Señor, confiar en que Él sacaría algo bueno de esto y dejar de escuchar a los así llamados amigos que decían que quizás no debería haberme mudado puesto que la venta en Nueva York se había caído. (¿Por qué la gente le hace eso a uno?)

Rendirse

Me inquieté y oré durante semanas. Entonces alcancé el final de mi soga emocional: una mañana durante mi caminata de antes trabajar, le dije en alta voz al Señor: "Muy bien, ya terminé con esto. Haz lo que Tú quieras".

¿No sería maravilloso reportar que Él hizo que se vendiera mi propiedad esa misma tarde? Créeme, deseo que hubiera sucedido eso. Pero, en cambio, mi declaración me forzó a dejar de pedirle una venta inmediata y nombrar aquellas cosas por las cuales debía estarle agradecida. Así que comencé a orar:

Gracias, Padre, por este nuevo empleo.
Gracias por este cielo increíble.
Gracias por esta hermosa vista del Pico Pikes
cubierto de nieve.
Gracias por la buena salud que me permite dar
esta caminata.
Gracias porque Jay no está en las drogas.
Gracias porque Holly no está embarazada.

La siguiente mañana pase mis dedos al azar por las páginas de la Biblia, sin estar segura de lo que estaba buscando. De repente me detuve en el libro de Jueces 20: el relato de los israelitas preguntándole al Señor si debían ir a pelear con los benjaminitas. Dos veces les dijo que pelearan. ¡Y dos veces fueron vencidos, perdiendo 22,000 hombres el primer día y 18,000 hombres el segundo día (ver Jueces 20:21-25)!

Confía

No fue hasta la tercera batalla que Él les dio la victoria a los israelitas. ¿Por qué Dios había echo morir a 40,000 hombres (ver Jueces 20:33-36)? Por lo menos en el libro de Job, el lector sabe que Job, un hombre justo, sufrió por una conversación entre Dios y Satanás. Pero no encontré ninguna clave en el relato de Jueces 20. Nuevamente estaba caminando por fe ciega creyendo que Dios estaba obrando aunque yo no pudiera ver los resultados.

Esa tarde, un lunes, saqué lo último de mis ahorros para pagar las cuentas —incluyendo ambas hipotecas— compré alimentos y agradecí al Señor que todavía teníamos $34 para llegar hasta el próximo mes. Me sentía con calma. Podíamos costear 4 semanas.

Complicaciones

Entonces Jay llegó de la escuela. "Oh, mamá, no te olvides que tengo que pagar por mi esmoquin del coro de cámara para este miércoles. Y no puedo estar en el coro sin él."

Contuve la respiración. "¿Cuánto es?"

"Setenta dólares." Lo dijo mientras rebuscaba en una caja de snacks de queso.

La silla de la cocina chirrió mientras me sentaba. "Bueno, Jay, va a ser interesante ver cómo el Señor va a obrar en esto."

Holly entró en ese momento, así que los tenía a ambos sentados conmigo.

Abrí la libreta de cheques, expliqué la situación y dije: "Saben de las muchas oraciones que se hicieron para nuestra mudanza. Pero si de alguna manera fallamos en oír la voz del Señor, vamos a enfrentarnos con tiempos duros en el futuro hasta que Él decida sacarnos al otro lado de los problemas. Y si no ha sido porque no supimos escuchar al Señor, entonces supongo que Él está tratando de darme una lección o de enseñarme algo".

Ambos chicos observaron la libreta de cheques por un buen rato.

Jay habló primero. "No, pienso que Dios está tratando de enseñarnos a Holly y a mí a depender de Él en lugar de depender de nuestra mami."

Medité en eso. Entonces dije: "Quizás. Pero de una manera u otra, estamos emprendiendo una aventura. Vamos a ver a Dios obrar de maneras que nunca hubiéramos visto a no ser por este enredo. Y ustedes podrán descubrir el gozo de una sopa de frijoles y pan de maíz, pero Dios no nos dejará pasar hambre. ¡Los días que viví en Kentucky no fueron de balde!".

Jay sacudió su cabeza cuando mencioné los frijoles. "Eso es llevar muy lejos una buena actitud, mamá."

Me incliné hacia adelante mientras decía: "Y te estoy diciendo que vamos a estar bien. Simplemente observa lo que el Señor va a hacer. Si Él decide que no vendamos ese tonto lugar, entonces Él nos ayudará de alguna manera con el pago".

Oración

Continué. "¿Recuerdan la historia del inglés George Müeller y los huérfanos que cuidaba, cuando se sentaron ante una mesa *vacía* y dieron gracias a Dios por la comida que estaban a punto de comer? Y antes que terminaran sus oraciones, un panadero estaba a la puerta, diciendo que había horneado demasiados panes esa mañana, y quería saber si ellos querían aprovecharlos. ¿Y qué del camión de la leche que se averió, y el chofer no quería volver con la leche a la lechería?

"Bueno, sólo espera y observa cómo el Señor se hará cargo de tu necesidad de esos $70."

Entonces oramos, agradeciendo al Señor por su provisión futura.

Provisión

¡El correo del día siguiente trajo una inesperada factura de un servicio y un cheque de reembolso de la línea de camionetas Allied por $254!

Estarás pensando en este momento: *Así que no tenías dinero para cubrir el gasto de un esmoquin. Todos deberíamos tener este tipo de pequeños problemas.*

Cierto, sea que hubiéramos comprado o no el esmoquin para la escuela, esto no era un asunto de vida o muerte. Pero como madre, reconozco que tener el traje hizo posible algo de real importancia para mi hijo, y ese hecho lo hace importante para mí.

Como hija de Dios, ciertamente creo que lo que es importante para uno de sus hijos es también importante para Él. Y Él demostró esa verdad interviniendo y proveyendo para una necesidad en particular, la cual —aunque no era de grandes consecuencias en sí misma— era un asunto de real importancia para una madre y un hijo que buscaban su ayuda.

En las siguientes semanas, contábamos los centavos como nunca antes y continuamos diezmando. Gradualmente, cada cuenta era pagada, y por fin se vendió el condominio. Sí, en un poco menos de lo que había pagado por él, pero por lo menos era libre de esa importante responsabilidad financiera.

Un nuevo entendimiento

Ese tiempo de temor ciertamente me dio un nuevo entendimiento para las crisis financieras aquí en Colorado y a través de la nación durante la recesión.

Comencé un grupo de estudio bíblico para mujeres profesionales todos los jueves. Una mujer pidió oración, recalcando que el negocio de su esposo había fracasado, y que su trabajo temporero era la única cosa que les permitía mantener su casa. En el pasado, por supuesto que hubiera orado, pero ahora mi propia experiencia le dio mayor profundidad a mi petición a su favor.

También he descubierto el gozo de estar sin un centavo: nadie se molestaba en llamarme con una historia triste, ni para pedirme un préstamo.

Algo mucho mejor

El Señor siempre saca algo bueno de nuestros problemas si lo dejamos. Y siempre proveerá para nosotros, pero algunas veces tenemos que ser un poquito creativos.

Si los frenos de mi auto se hubieran gastado cuando sólo tenía los $35 dólares, hubiera estado en problemas puesto que soy demasiado terca para pedir ayuda aún a mi iglesia. Hubiera estado más dispuesta a ofrecer mis servicios: me ofrecería a limpiar la oficina del taller de reparación por varias semanas o a proveer servicios de niñera para los bebés del mecánico.

Chris, una madre sola de nuestra clase dominical, nos contó de una cuenta inesperada de $117 dólares que decía "pagar al recibir." Su día de pago no llegaría hasta finales del mes, pero en lugar de asustarse, reunió a sus tres hijos para orar y razonar juntos la situación. Su hija mayor de 12 años, aportó la idea de una venta de garaje para vender artículos que ya no utilizaban. Sin tiempo ni dinero para colocar un anuncio en el periódico, volvieron a orar y luego limpiaron los armarios y el garaje buscando cosas que ya no usaban. Chris describió los muchos autos que se estacionaron para venir a la venta, y luego preguntó: "¿Adivinen cuánto dinero hicimos ese día?"

Exactamente $117. ¡Que manera de contestar una oración! Y qué tremenda lección de fe para ella y sus hijos.

De vez en cuando, me preguntan si iría a la ayuda pública del gobierno si tuviera que hacerlo. La frase "si tuviera" es difícil de definir, así que usualmente comento que confío en el Señor para cubrir nuestras necesidades. Pero si una madre sola está desesperada, y no está disponible ninguna otra ayuda excepto la pública, por supuesto que quiero que siga alimentando a sus hijos.

Una fe más profunda

Mi preocupación es por quienes buscan primero la ayuda del gobierno en lugar de la del Señor. También he visto lo que el sistema de ayuda pública le ha hecho a mi querido Kentucky, robándole a muchas de las personas su maravillosa, exigente inventiva montañesa.

Así que tratemos, como mamás solas, de estar un poquito más llenas de fe y de ser más creativas que el resto del mundo.

Repasemos con sensibilidad

→ El dinero en sí mismo no es malo. Primera de Timoteo 6:10 dice: "...el *amor* al dinero es la raíz de toda clase de males" (énfasis añadido). El Señor comprende que tenemos cuentas que pagar, y quiere que hablemos de nuestras finanzas también con Él.

→ El diezmo no es una obligación, sino un privilegio que nos permite tener parte en la obra de Dios. Debemos dar en la medida que Él nos prospera, así que recuerda pagarle a Dios primero.

→ Aplica estas cuatro sugerencias para adquirir control financiero: No uses tarjetas de crédito, reduce las deudas que tengas, cuadra tu libreta de cheques cada mes, y determina vencer tu mayor problema financiero.

→ Ora por cada gasto y permítele al Señor mostrarte maneras creativas de resolver tus problemas.

➤ Sé tanto valiente como creativa mientras buscas maneras de estirar tu presupuesto.

➤ Concéntrate en Hebreos 6:10 en lugar de hacerlo en la injusticia de la vida: "Porque Dios no es injusto como para olvidarse de las obras y del amor que, para su gloria, ustedes han mostrado sirviendo a los santos, como lo siguen haciendo".

➤ Planificar nuestro retiro no es para nosotras una *opción*, sino una *responsabilidad*.

➤ No te dejes intimidar por palabras tales como "presupuesto" e "inventario financiero." Esas son maneras de ganar el control de tu vida financiera.

➤ Escribir tu testamento y escoger tutores para tus hijos son la salvaguarda del futuro de tus hijos.

➤ Los niños necesitan tener el control de pequeñas cantidades de dinero. Permitirles una oportunidad para hacer dinero extra les enseña lecciones importantes.

➤ Mantén buenos registros para la rendición anual de tus impuestos.

➤ Aunque quizás obra en formas misteriosas, Dios siempre tiene el control.

Notas

1. Larry Burkett, transmisión radial, 1 de enero de 1991.

Capítulo 7

¿Alguna casa flotante en venta o arrendamiento?

*Supongamos que alguno de ustedes quiere
construir una torre. ¿Acaso no se sienta primero
a calcular el costo, para ver si tiene suficiente
dinero para terminarla?*

Lucas 14:28

Soy de ésas que nunca se suben a un avión sin saber primero dónde se encuentran las puertas de emergencia. Y cuando me registro en un hotel, localizo las salidas disponibles en mi piso. Una vez que he determinado mis vías de escape, entonces continúo normal y alegremente con mis asuntos.

Jay y Holly me han observado hacer esto por años, así que cuando íbamos de camino a visitar unos parientes hace algún tiempo, me insistieron en que dejara de estar pensando en lo peor. Les aseguré que sólo estaba siendo precavida para "el caso de que". Pero me rendí ante sus insistencias, y esa noche en nuestro hotel no investigué dónde se encontraban las escaleras cercanas a nuestro cuarto.

Sabes lo que sucedió luego, por supuesto. Sí, a la siguiente mañana temprano, sonó la alarma de incendios. En medio del susto, nos miramos unos a los otros, sin creer lo que estábamos escuchando.

Pero yo era la adulta, así que con una aparente calma anuncié: "Está bien, simplemente salgamos de aquí."

Palpé la puerta —no estaba caliente—, así que la abrí y salimos hacia un pasillo completamente a oscuras. Ni siquiera las lucecitas de salida de emergencia estaban encendidas.

"Oh Señor, ayúdanos", imploré.

Inmediatamente, oímos a una mujer hablando con un fuerte acento hispano. "¿Hay alguien en este piso?" preguntó.

"Nosotros tres", contesté.

"Vengan por aquí", dijo. "Guíense por el sonido de mi voz."

Con Jay y Holly colgando de mis brazos, palpaba a lo largo de la pared mientras nos movíamos hacia la mujer. Por fin pudimos ver su uniforme de camarera, parada cerca de las escaleras de incendio.

Le di las gracias, pero ella señaló hacia la puerta. "Esta bien, pero apresúrense."

El fuego fue rápidamente controlado, y pudimos regresar a nuestros cuartos para buscar nuestro equipaje y retirarnos.

Increíblemente, no vimos a esa camarera en particular con el resto del personal en el lote de estacionamiento. ¿No es interesante que haya aparecido tan pronto como pedí ayuda al Señor? Hasta este día, nos preguntamos si quizás el cielo había respondido a nuestra petición enviando un ángel para guiarnos.

Por supuesto, no siempre recibimos respuestas tan directas, en el acto, a nuestras peticiones. Pero una y otra vez, estoy convencida, Dios *sí* interviene directamente o a través de sus mensajeros. Así que sigue observando. Nunca sabes que forma tomarán los milagros.

Oh, dicho sea de paso, Jay y Holly nunca jamás han vuelto a burlarse de mí por estar preparada "por si acaso."

ESTAR PREPARADA

Estar preparada es ahora parte de mi naturaleza. Esta manera de enfrentarme a la vida y el hecho de que no me gustan las sorpresas —ni siquiera las sorpresas felices— me hace gastar mucha energía y preparación para asegurarme que cualquier compra importante que haga es la adecuada para mí y mi familia.

Como madre sola, he descubierto que los dos mayores dolores de cabeza han sido qué vehículo manejar y dónde vivir. Y como sospecho que estas son áreas de problemas probablemente para ti también, demos una mirada a lo que involucra comprar un auto y comprar o alquilar una casa, como el Señor y el presupuesto lo permiten.

Lo que debes saber cuando buscas un auto usado

¿Y por qué deberías considerar comprar un auto usado? Porque cuesta menos que uno nuevo.

Cierto, todos hemos oído decir que cuando compras un auto usado puedes estar comprando los problemas que pertenecían a otro. Sí, y por esto tu mecánico de confianza será de gran valor para ti si no tienes un amigo confiable que te ayude a escoger tu auto.

Así que recuerda esta regla: *Antes de comprar un auto usado, asegúrate de que el vendedor acepte que tu propio mecánico lo inspeccione por ti*. Esa inspección puede costarte algunos dólares, pero a la larga valdrá la pena.

Dónde comenzar

Si no tienes en mente un determinado fabricante y no tienes ni la más remota idea de dónde comenzar, sencillamente mantén la calma y haz los deberes. Seguro, eso da trabajo, pero somos usadas para trabajar duro. ¡Después de todo, somos mamás solas!

Aquí tienes algunos puntos.

Chequea el sitio web del Informe para el Consumidor o haz un viajecito a la biblioteca pública alguna noche y rebusca a través del Informe para el Consumidor para ver qué autos tienen mejor historial de seguridad y mantenimiento mínimo.

Si tus hijos son suficientemente mayores, llévalos contigo a la biblioteca, y déjalos seleccionar sus propios libros para llevar a casa. La lectura abre nuevos mundos para todos nosotros, así que espero que estés estimulando esa área.

Si escoges ir a la biblioteca, y tus hijos son muy pequeños para disfrutarla, trata de que un amigo se quede con ellos o contrata a una niñera por esa noche. Aunque el pago a la niñera apriete un poco tu presupuesto, encontrarás que el dinero estuvo muy bien invertido porque a la larga ahorrarás dinero por el conocimiento que adquiriste, que te ayudará a la hora de comprar tu auto más tarde.

Llama a tu agente de seguros y pídele su recomendación sobre un auto. Tu seguro puede variar considerablemente por el año, la marca, y el modelo, así que debes considerar el costo del seguro de protección antes de comenzar a mirar.

Comienza a buscar un auto dentro de tu propio grupo social. Es una buena área para comenzar, puesto que un amigo usualmente te dirá si el auto que te está vendiendo tiene algo que necesite atención. No olvides mirar también la pizarra informativa de tu trabajo.

Sé consciente de cuánto puedes pagar. Y una vez que has establecido esa cifra, no le permitas a nadie que te convenza diciéndote que "es sólo un poquito más". Ese "poquito mas" es lo que nos mantiene a todos esclavizados a deudas.

Los consejeros de finanzas dicen que si no podemos ahorrar para comprar algo de mayor precio, no debemos comprarlo. Pero aunque estoy de acuerdo con ese principio, también conozco la realidad de necesitar un auto y no tener los ahorros para cubrir el costo.

Conoce lo que pides. Después que Jay y Holly tuvieron sus licencias de manejar, decidieron juntar sus ahorros y compartir un auto usado. Estudiaron los clasificados durante días, luego comenzaron a hacer llamadas de teléfono. Hasta tenían una lista de preguntas.

1. ¿Cuál es el estado general del auto?
2. ¿Puedo traer mi mecánico para inspeccionarlo?
3. ¿Puede el auto pasar el test de emisiones? Ésa es una pregunta importante en nuestro estado porque si no

puede pasar la prueba de emisiones, no podemos obtener la patente para el auto.

4. ¿Recomendaría este auto como mi primer auto? He agradecido a los vendedores que les advirtieron de no comprarles su auto porque ese modelo en particular tenía muchos problemas.

Llevó un poco de tiempo que mis adolescentes se pusieran de acuerdo sobre un auto que ambos pudieran costear, pero cuando lo encontraron, todo el trabajo que pasaron les hizo apreciarlo más.

Cómo debes continuar

Después de haber hecho tus investigaciones, puedes comenzar a visitar lotes de autos. Muchos artículos de revistas sugieren que lleves a un amigo contigo, pero eso es imposible para aquellas que nos hemos mudado lejos de nuestros amigos. A manera de regla, he descubierto que la mayoría de los vendedores quieren serte de ayuda, así que no asumas que cada vendedor que encuentres está tratando de engañarte.

Si el vendedor es grosero —como fue conmigo uno con su "Te digo algo, querida, sería mejor que traigas a tu esposo para que sea él quien hable conmigo"—, dile cortésmente que te irás a hacer negocio a otro lugar por su mala educación y sal del lugar. Pero escenas como esa son raras, así que no camines con una pajilla encima del hombro.

Sea lo que fuere que hagas, no compres el primer auto que veas por la simple razón de satisfacer tus futuras preguntas sobre qué otras alternativas había disponibles que no investigaste. Y mientras visitas varios lotes de autos, carga contigo una libreta para escribir los detalles importantes: tamaño del auto, si tiene un motor de cuatro o de seis cilindros (el número de cilindros mayormente determina la fuerza que tendrá en la autopista), la condición general del auto, el millaje y el precio.

Próximo, pide ver el precio del auto en el "libro azul". Si perteneces a una cooperativa de crédito, hazles una llamada rápida y ellos con mucho gusto te proporcionarán esa información. El "libro azul" es publicado por la Asociación

Nacional de Vendedores de Automóviles (NADA, por sus siglas en inglés) y es llamado apropiadamente la *Guía Oficial de Autos Usados NADA.*

Este libro lista el valor promedio de permuta (trade-in), el precio al por menor y el monto del crédito que puedes esperar recibir por él. Pero recuerda que esa lista está basada en promedios. Lo que pagarás por tu auto en particular dependerá de la condición de ese auto, de la oferta y demanda del mercado, y también del valor que tenga en el lugar y mercado donde vives el auto que entregarás como entrada de pago si es que tienes uno.

Qué cosas debes investigar

Lo que he visto en las películas es a alguien pateando las llantas: una señal segura de un amateur. Así que cuando el motor de mi auto se murió, hablé con personas que estuvieran interesados en autos, les hice preguntas y leí varios artículos de revistas. De todo eso, desarrollé una lista mental de lo que necesitaba en un auto: cuatro puertas, un maletero grande y motor con potencia suficiente para mantenerme a salvo en nuestras autopistas de Detroit.

Estas son algunas de las cosas que aprendí:

Inspecciona el exterior del auto. Observa si tiene abolladuras, herrumbre, pintura descolorida y soldaduras. Las ondulaciones en el metal y la pintura desigual son claves de que el vehículo ha estado en un accidente. Es especialmente importante si el chasis se ha torcido. Y la herrumbre profunda significa que el auto se está oxidando de adentro hacia fuera. Ese problema puede significar que pronto necesitará una reparación importante.

Inspecciona el interior. Examina el panel de control: los parabrisas, calefacción y aire, las señales de viraje, la radio y todas las luces. Y observa debajo de los tapetes y alfombras sueltas si hay herrumbre. También mira el odómetro (cuentakilómetros) para verificar el millaje. Luego observa el acelerador. Si el acelerador esta bien gastado, pero el odómetro señala un millaje bajo, esa es una señal bastante buena de que han alterado el millaje. También, si los números no están alineados correctamente, alguien ha estado manipulando el odómetro.

Observa debajo del capó. Ésta es la parte que a mí me asusta. ¿Están gastadas las correas y las mangueras? ¿El radiador muestra corrosión o herrumbre alrededor de la tapa? ¿Está corroída la batería? ¿Los cables están gastados?

Enciende el motor. Mientras el motor está encendido, acelera y escucha si hace silbidos o golpes. Esa es una señal de potenciales problemas de motor. Mi vecino Keith me habló acerca de "válvulas" y "aros" en la misma oración que la palabra "golpes", pero todo eso se traduce en "problemas de motor".

Keith también dijo que dejara el auto encendido durante cinco minutos y luego mirara si hay charcos abajo. Si son de grasa, puede que tenga un problema de transmisión.

Da una vuelta en el auto. Se le llama "prueba de circulación en carretera", porque estarás *probando* los frenos, el volante y el manejo en general.

Confía en tus instintos. Presta atención a cualquier ruido inusual cuando hagas cambios, aceleres o frenes. No ignores ningún tirón o sacudida.

¿Ves? No es tan aterrador cuando sabemos lo que estamos buscando.

LO QUE DEBES SABER CUANDO BUSCAS UN AUTO NUEVO

Si, después de mirar todos los autos usados disponibles en tu área, decides que después de todo quieres un auto nuevo y planeas manejarlo para siempre —hice más de 175,000 millas en mi auto en sólo unos pocos años—, debes estar al tanto de algunas cosas.

No despilfarres

Los vendedores de autos no están en el negocio por amor al arte, así que tratarán de añadir cuanto puedan a ese nuevo auto: volante inclinado, control de velocidad automático, ventanas automáticas, y así por el estilo. Todas estas cosas son comodidades muy buenas, ¡pero ciertamente no valen lo que le costará quien tiene que mirar cada dólar o centavos! Así que quédate con lo esencial.

Negocia

No estás comprando una hogaza de pan con un precio fijo. Estás tratando de obtener el mejor precio posible por algo que puede ser comprado por menos del precio etiquetado. Así que ve por él.

Haz muchas preguntas

No seas tímida para pedir información suficiente sobre esos costosos "extras". Cuando compré mi primer auto, un joven vendedor trató de venderme un paquete de protectores de tela de varios cientos de dólares.

Me incliné hacia delante y quedamente le pregunté: "¿Qué es lo que *realmente* hace?".

Me soltó un elaborado rollo sobre la importancia de proteger el interior del auto de posibles derrames.

Le di la misma mirada que normalmente uso con los estudiantes que pensaban que podían tomarle el pelo a la "vieja Aldrich" y le volví a preguntar: "¿Pero, que es lo que realmente hace?".

Se sonrojó, y luego tartamudeó: "Por cuatro verdes, compre una lata de protector de telas y rocíe los asientos".

Fue exactamente lo que hice.

Sigue estando preparada después de comprar tu auto

¿Cómo te desenvolverías durante una de las repentinas tormentas de primavera de Colorado que puede amontonar hasta un pie (30 cm) de nieve en unas pocas horas? La sola amenaza de tal dura prueba me hizo crear y colocar un kit de emergencia en el maletero.

Dentro de éste coloqué una bolsa de arena higiénica para gatos para tracción en caso de que me quedara pegada en el hielo de un estacionamiento, un botiquín de primeros auxilios, una linterna y reflectores, cables de arranque de ignición, mapas de rutas, herramientas básicas, un rociador para reparar llantas, un raspador de hielo, una pala plegadiza, y un par de botas viejas.

El Servicio Meteorológico Nacional dice que también debo tener una manta o bolsa de dormir, fósforos envueltos en papel de aluminio, velas, toallas de papel, un abrigo extra, medias y guantes, comestibles no perecederos como mantequilla de maní (cacahuate) y pasas de uva, un compás, y una navaja.

Ese es el proyecto para mi auto para la próxima semana.

Aprende cómo darle a tu auto un mantenimiento simple

Cuando era parte de una familia tradicional, mi mundo estaba dividido en dos categorías nítidamente rotuladas "su trabajo" y "mi trabajo." Cuidar y mantener los autos estaba definitivamente entre las cosas de mi esposo, así que nunca pensé sobre la necesidad de líquido de transmisión o siquiera cambiar el aceite cada 3,000 millas. Pero aprendí tempranamente que si emprendo una tarea nueva, se hace rápidamente parte de mi trabajo. Y así como muchas cosas de la vida que nunca había intentado hacer, le tenía un poco de temor.

Mantén el nivel de fluidos. Una tarde, acababa de levantarme de poner las recientes placas de licencia en el auto cuando nuestro vecino Hill estaba aparcando en la vía de entrada a su garaje. Viendo en mi mano las pinzas, se encaminó hacia mí por si necesitaba ayuda. Cuando orgullosamente le expliqué lo que acababa de hacer, asintió con la cabeza.

"Tremendo", comentó, "pero no estaré impresionado hasta que de regreso a mi casa te vea trabajando *debajo* del auto".

Tenía un reto. Esa noche, invité a mis otros vecinos especiales, Keith y Betty, a tomar café y les advertí de antemano que les iba a preguntar cómo hacer el mantenimiento de mi auto.

Keith es un maestro natural, así que nos paramos en la entrada de mi garaje con el capó de mi auto abierto para tener una misteriosa vista de El Motor. Y esa noche tuve mi primera lección de cómo mantener mi viejo auto azul: mantener el nivel del fluido de transmisión y el fluido de la dirección asistida (power steering).

Cambia el aceite. La siguiente noche, Keith cambió el aceite de mi auto mientras yo tomaba notas. Las instrucciones para el cambio del filtro de aceite incluyen una cita de Keith: "No te apresures. Asegúrate de que tienes toda la tarde". Y luego de esta nota, escribí una nota para mi misma: "Asegúrate de que *Keith* esté en su casa".

La primera vez que cambié el aceite por mi cuenta, no sólo me aseguré de que Keith estuviera en su casa, sino que también lo hice en un horario específico para que Bill —el vecino que me había lanzado el reto original— estuviera entrando en su garaje mientras yo estaba debajo del auto. Quedó debidamente impresionado.

Esa pequeña escena tomó lugar antes que ofrecieran cambios de aceite en 10 minutos en cada esquina. Ahora les llevo mi auto y pago unos pocos dólares cada 3,000 millas. Pero todavía orgullosa me siento de que *puedo* cambiar el aceite por mí misma si quiero o si necesito hacerlo.

Evita el pánico. Cuanto más entiendas sobre tu auto, menos temor sentirás y menos será el riesgo de caer en manos de mecánicos no muy honestos. Un buen lugar para comenzar a aprender es leyendo el manual del propietario que viene con el vehículo si que no lo has tirado o perdido. Finalmente decidí leer el que ha estado sin tocar en la guantera de mi propio auto desde el primer día.

Además, muchas escuelas técnicas ofrecen cursos de mantenimiento básico. Vale la pena destinar un par de noches de tu tiempo para aprender acerca de tu auto, para dejar de sentirte atemorizada.

Encuentra un taller de reparaciones confiable. Lo mejor que puedes hacer para mantener tu auto funcionando apropiadamente por un largo tiempo es darle mantenimiento regularmente. Pide a tus amigos recomendaciones de talleres de reparaciones confiables. Yo dependo del departamento de servicio de mi centro local de ventas de automóviles.

¿Dónde vivir?

¡Si piensas que doy muchas vueltas respecto al auto, deberías verme tratando de decidir dónde vivir!

Comprendo que las mujeres jóvenes de hoy saben mucho más de lo que yo sabía acerca de alquilar apartamentos y comprar casas por su propia cuenta. Pero si compartes algunas de mis primeras preocupaciones, recuerda que el primer paso más importante es orar. Pero después de orar, puede que sigas teniendo mucho trabajo por hacer.

Cuando estábamos planeando mudarnos a Colorado, sólo tenía dos tardes para buscar casa. Pero había estado orando un par de semanas, así que sabía la clase de casa que necesitábamos. Llamé a mi corredora de bienes raíces la cual se convirtió en mi amiga, y le detallé la casa que quería y dentro de qué distrito escolar la quería. Hizo arreglos para que viera 23 casas en total.

La casa que compré fue la que había visto en segundo lugar. Tan pronto entré, *supe* que era mi casa. Pero no dije nada y dejé que la corredora me mostrara todas las otras casas de la lista. Más tarde ella me hacía bromas por haber hecho todo eso, pero ambas sabíamos que teníamos que ver lo que había en el mercado.

Cuando estás buscando para comprar

Puesto que he comprado diferentes casas, en diferentes lugares, y en diferentes momentos sin tener siquiera un buen amigo para acompañarme, quiero transmitirte algunas cosas que aprendí.

Haz tus deberes primero. Habla con administradores de escuelas, pastores y cualquier otra persona que pueda contestar tus preguntas. Todavía estábamos viviendo en Nueva York cuando comencé a circunscribir nuestra elección de distrito escolar, iglesia y vecindario en Colorado Springs.

Las únicas personas que conocía en Colorado eran Ron y Sharon, amigos queridos y ex compañeros de tenis. Aunque ellos vivían en Boulder, cerca de dos horas y media al norte de Colorado Springs, no fui tímida para llamarlos.

Conocían a una pareja en Colorado Springs y sugirieron que le hablara. Al tiempo, esa pareja me sugirió que hablara con dos maestras, las cuales me dieron los nombres de varias otras. Cuando terminé con mi red de llamadas, tenía una cuenta de teléfono de $302, pero también tenía indicaciones definidas sobre a cuál escuela quería que Jay y Holly asistieran, cuál iglesia deberíamos visitar y en cuál vecindario debíamos comprar.

Entonces comienza tu búsqueda. Trabaja con un corredor de bienes raíces de una firma seria. Ella puede no sólo contestar preguntas acerca de la ciudad, sino que también te puede dar una lista de compañías hipotecarias y hacer arreglos para todas las inspecciones necesarias.

Insiste en una inspección de la estructura. Admítelo, cuando estamos bajo presión, tenemos la tendencia a comprar por emoción, una reacción tipo *"yo puedo vernos viviendo aquí"*. Ciertamente esto tiene su valor, pero una inspección eliminará las dudas y problemas que *surgirán* más tarde cuando estemos cansados y nos preguntemos si hemos tomado la mejor decisión.

La inspección te dirá el estado de la casa y sus cimientos. Por supuesto, puede costarte un par de cientos de dólares, pero sabrás lo que estas comprando y podrás dormir mejor por las noches, confiada en que está a salvo de que se presente una desagradable sorpresa.

Si te encuentras con uno de esos negocios tipo "demasiado bueno para ser cierto", probablemente lo es, así que investiga por qué. Algunas casas, por ejemplo, no pueden pasar una inspección de radón para gases radioactivos naturales, así que los dueños están dispuestos a vender por un precio ridículo.

Chequea si hay grietas sobre las puertas interiores. Dichos defectos pueden significar que los cimientos se han movido.

Pregunta por las facturas de servicios públicos durante el pasado año. Si las cuentas a pagar por servicios son más altas que las de tus nuevos vecinos, puede que la casa que estás pensando comprar tenga un mal aislamiento.

Pregunta cuál es el método de calefacción. También pregunta cuándo fue la última vez que se limpió e inspeccionó el horno de la calefacción.

Fíjate si la entrada al garaje está agrietada. Las grietas muy profundas pueden significar que el terreno todavía se está asentando. También, nuestra ciudad, por ejemplo, está ubicada sobre un área de antiguas minas, por lo cual se experimenta ocasionalmente el colapso de túneles subterráneos.

Chequea si el techo está combado. Si es así, puede que tenga un serio problema en los cimientos.

Asegúrate de que la presión de agua sea adecuada. Para verificar la presión de agua, abre el grifo del lavamanos y tira de la cadena. El flujo de agua del grifo debe mantenerse igual.

¡No des nada por sentado! Pregunta cuáles dispositivos quedarán en la casa. Incluye en la oferta aquellos dispositivos que quieras comprar.

¡Ya está! Eso es suficiente para comenzar. La Internet, tu biblioteca o tu oficina local de bienes raíces tendrán información más detallada para ayudar a que te sientas más confiada acerca de tu compra. ¡Recuerda, tú *puedes* hacerte cargo de esto también!

Cuando estás buscando para alquilar

Bien, has leído hasta ahora y dices: "Sandra, baja a tierra. Con mi ingreso actual, comprar mi casa propia esta fuera de mis posibilidades. Con mi salario, estoy haciendo lo posible para pagar por lo menos las cuentas y poner comida sobre la mesa. Pero sí, necesitamos un lugar decente donde vivir. Así que dime cómo encontrar un lugar cuyo alquiler pueda pagar".

Encontrar una vivienda decente siendo una madre sola con niños y con medios limitados no es fácil, particularmente cuando muchos arrendatarios insisten: "Ni animales ni niños". Pero, si puede servirte de algo, aquí tengo algunos pensamientos para que puedas comenzar.

Investiga lo que está disponible. Necesitas saber quiénes le alquilan a familias con niños con o sin mascotas. Habla con otros que estén en tu misma situación. Lee detenidamente los clasificados. Haz preguntas.

Y también, busca dentro de todos los tipos de vivienda: casas para una sola familia, apartamentos, condominios, lo que sea. Sé que ya estás pensando: *¿Cuánto?* Pero por el momento, no te preocupes si el alquiler de muchos de estos lugares está fuera de tu alcance. Simplemente investiga si el arrendatario se siente cómodo rentando a familias con niños.

Ahora, supongamos que encontraste algo que te es conveniente, y puedes afrontarlo con tu ingreso. Grandioso, ya terminaste. Pero, ¿qué si se requirieran dos ingresos para adecuarlo a tu presupuesto? Entonces miremos la próxima sugerencia.

Forma un equipo con otra madre sola. ¿Has encontrado un lugar lindísimo para vivir que es demasiado costoso para tu ingreso? ¿O eres una madre divorciada o viuda que ha quedado atrapada con una casa que no puedes costear por ti sola? Esta última circunstancia no es del todo mala. Puesto que ya estás en la casa, por lo menos no tendrás que presentar un depósito de seguridad el primer y último mes de alquiler. Únicamente necesitas otra madre sola para compartir los costos y responsabilidades que se vayan presentando.

Así que, sea que hayas encontrado algo para alquilar que está fuera de tu alcance, o que estés atrapada en un lugar que no puedes pagar sola, anuncia a través de tu iglesia, tu trabajo, los boletines informativos de supermercados locales o los clasificados, que buscas otra mujer —idealmente otra madre sola con niños— para compartir tu hogar y los gastos. Suponiendo que eres compatible, encontrarás que compartir tu hogar con otra madre y sus hijos tiene muchos beneficios.

Tendrás otra compañía adulta en el hogar, para que no estés forzada a vivir enteramente en el mundo de los niños. Tendrás a alguien con quien dividir las tareas domesticas tanto como los gastos. Y si ambas pueden mantener flexible su vida social y compromisos con los de afuera, ¡cada una de ustedes tendrá una niñera residente —¡que trabaja gratis!— para esos momentos en que tienes que estar fuera del hogar. Pero asegúrate de hablar con claridad cada detalle de tus expectativas, así como de las de ella.

Considera vivir en una casa rodante. Investiga los parques con casas rodantes de tu área. Algunos son solo para adultos o solo para ancianos. Pero otros parques están diseñados para familias. Y, como regla, sea que estés alquilando o comprando, las casas rodantes —llamadas con frecuencia "motorhome"— te costarán mucho menos que una vivienda convencional y son comparables en tamaño.

Así que aunque tendrás que pagar un alquiler mensual por la casa rodante y también al dueño del lote, con frecuencia el pago total será más bajo que la renta de un apartamento pequeñito. Y una casa rodante sencilla puede proveerte más espacio para dormitorio que muchos apartamentos pequeños.

Mis amigos que viven en parques de casas rodantes dicen que, generalmente, prevalece una atmósfera positiva de buenos vecinos, que beneficia a todos los residentes. A diferencia de los residentes de complejos de apartamentos o de vecindarios convencionales, los residentes de parques como estos tienden a velar unos por otros como si fueran una extensión de su propia familia y no como simples vecinos. Se cuidan unos a otros y se ayudan unos a otros en momentos de necesidad. Muchas amistades de toda la vida se desarrollan en parques de casas rodantes.

También, muchos de esos parques ofrecen programas de actividades para proveerles a los residentes una vida social variada sin tener que salir de su casa. Eso es un verdadero bono extra para madres solas. Pueden hacer algo divertido de vez en cuando sin tener que incurrir en gastos extra por niñeras.

Investiga casas subsidiadas. Casas con subsidio federal están disponibles en algunas áreas para madres y niños con ingreso limitado. Dichas viviendas son una bendición para la madre trabajadora cuyo ingreso no le alcanza para pagar una renta mensual, ni tampoco puede costear un depósito de seguridad, ni ese formidable pago del primer y último mes de alquiler en un mismo día. Si estás en esa situación, una vivienda con subsidio les proveerá a ti y a tus hijos un hogar adecuado hasta que sean mayores o hasta que puedas ahorrar lo suficiente para un alojamiento alternativo.

Investiga en la oficina más cercana del Departamento de Desarrollo Urbano y Vivienda para determinar si eres elegible para este programa. Y si eres elegible, pero tienes que anotarte por un tiempo en una lista de espera porque no tienen vacantes, igual vale la pena solicitarlo.

Por supuesto, probablemente ya estás teniendo tus propias ideas. Te deseo lo mejor en la opción que hayas escogido para ti y tus chicos.

Dicho sea de paso, no pienses que vas a destruir a tus hijos si por un tiempo tienes que "achicar" el espacio donde viven. Recientemente, conocí a una mujer de Luisiana que me habló de su niñez en una casa flotante sobre un pantano.

"Esa era la única vivienda que mi madre podía costear", dijo. "Pero nunca entendí su vergüenza por vivir allí. Amé cada minuto y con frecuencia desearía poder volver a esos días."

Así que, sí, cerciórate de que tus hijos estén seguros y de que están rodeados de tu amor. Pero, recuerda, ellos acarrearán los recuerdos de ese amor en su adultez, mucho tiempo después que hayan olvidado el lugar donde viviste.

Repasemos con sensibilidad

→ Siempre debes estar preparada para que puedas evadir sorpresas y fallas mecánicas.

→ Un mantenimiento regular te ayudará a conservar tu auto por largo tiempo. Y ahorrarás dinero si aprendes a hacer un mantenimiento simple tú misma.

→ Cuanto más entiendas respecto a tu auto, menos temor sentirás. Estudia tu manual del propietario y si es posible toma un curso en mantenimiento básico.

→ Conoce lo que tienes que investigar cuando vas a comprar un auto usado. Y ningún vendedor o mecánico no tan confiable te podrá subestimar.

→ Antes de comprar un auto usado, asegúrate de que el vendedor permita que tu propio mecánico lo examine.

→ Pide a tu agente de seguros una recomendación antes de comprar cualquier auto, usado o nuevo. Tu seguro puede variar considerablemente dependiendo del año, la marca y el modelo del auto.

→ Conoce muy bien cuánto puedes pagar. Y una vez estableces la cantidad, no dejes que nadie te convenza de que puedes gastar "un poquito más."

➻ Si estás buscando una casa, asegúrate de hacer tus deberes primero. Lee todo lo que puedas y haz muchas preguntas.

➻ Cuando estás comprando una casa, trabaja con un corredor de bienes raíces de una firma seria, insiste en una inspección de la estructura ¡y no des nada por supuesto!

➻ Si tu opción es alquilar una vivienda, investiga primero todo lo que está disponible para familias con niños.

➻ Si la vivienda que te conviene está más allá de tu presupuesto, forma un equipo con otra madre sola y alquilen un lugar juntas. Si las dos familias son compatibles, el arreglo ofrece muchos beneficios.

➻ Las casas rodantes y las viviendas con subsidio son otras posibilidades dignas de explorar.

➻ Tus hijos llevarán los recuerdos de tu amor por ellos a su adultez, mucho tiempo después que hayan olvidado el lugar donde viviste.

Capítulo 8

¿Y debemos hacer todo eso sin gritar?

Ciertamente, ninguna disciplina, en el momento de recibirla, parece agradable, sino más bien penosa; sin embargo, después produce una cosecha de justicia y paz para quienes han sido entrenados por ella.

Hebreos 12:11

Cuando empezábamos a adaptarnos a ser una familia de tres, Holly de ocho años era mala con Jay, y rehusaba hasta con rudeza cumplir una simple tarea doméstica. Su desagradable comportamiento fue acentuándose durante la mañana hasta que al fin le di un par de nalgadas. Aguantó las lágrimas mientras sacaba hacia fuera el labio de abajo, me dio una de sus miradas demoledoras y se fue pisando fuerte escaleras arriba.

Comprendí que me estaba probando, pero al mismo tiempo me sentí vencida. Tras unos pocos minutos, subí calladamente las escaleras para saber de ella. Estaba dormida en su cama, abrazando la foto de su padre. Me sentí horrible mientras envolvía con la manta sus diminutos hombros.

Hemos leído lo bastante de expertos en niños como para saber que el propósito de la disciplina es enseñar la conducta aceptable para hoy e inculcar el autocontrol a largo plazo. También sabemos que tenemos que ser constantes, establecer reglas claras y específicas, criticar constructivamente, actuar con prontitud y aplicar castigo razonable.

¿Y debemos hacer todo esto sin gritar?

DEBES SABER POR QUÉ DISCIPLINAS A TUS HIJOS

¿Por qué las mamás luchamos con eso? Estoy convencida que es porque frecuentemente estamos tan ocupadas con nuestros propios traumas que meramente reaccionamos con nuestros hijos, en lugar de meditar y anticipar los problemas que están por aparecer. Por supuesto, ayudar a nuestros hijos a desarrollar autodisciplina lleva tiempo y, como parece que nunca tenemos el suficiente, demasiadas de nosotras ignoramos los problemas hasta que se convierten en crisis.

Pero antes de esperar que nuestros hijos desarrollen autodisciplina, tenemos que saber *por qué* deseamos esto para ellos. Una madre cansada me dijo que siempre había pensado que los niños eran como pequeñas plantitas: si las mantienes alimentadas y rociadas, crecerán naturalmente. Desde entonces ha descubierto que toma mucho más que eso.

¿Qué es lo que quieres para tus hijos? ¿Recuerdas en *Alicia en el país de las maravillas* cuando Alicia le pidió indicaciones al gato de Cheshire? "¿Dónde quieres ir?", le preguntó él.

Ella respondió, perpleja: "No lo se".

"Bien, entonces", dijo él, "un camino es tan bueno como cualquier otro".

TEN UNA RUTA EN EL MAPA DE LA DISCIPLINA

Haz una lista de tus metas

Para ayudarme a mí misma a crear una ruta en el mapa de la disciplina, hice una lista de metas reales para mis hijos. Quería que desarrollaran:

1. Una relación íntima con su Padre celestial.
2. Discernimiento espiritual.
3. Una visión equilibrada del dinero.
4. Un corazón de siervos.

5. La habilidad de recuperarse de un error, pero que aprendieran de la experiencia.

Define tus valores

Conoce tus propios valores. Si no estás segura de cómo definir esos valores, haz una lista de todas las cosas que son importantes para ti en orden de prioridad. Estas encabezan mi lista:

- Dios,
- Jay y Holly,
- El trabajo,
- La familia extensa y los amigos.

Para ayudarme en mis constantes malabarismos entre mi familia y la obra de Dios, cada tanto me recordaba a mí misma que si estaba sacrificando a mis hijos por la "obra de Dios", entonces ya no era la obra de Dios.

Establece límites firmes

Establece límites y mantenlos. Los adolescentes son grandes aulladores cuando se trata de reglas, pero ganan un sentido de seguridad si conocen los límites.

Pero recuerda comunicar esas expectativas con claridad. A los adolescentes no les gusta escuchar que les digan: "Bueno, eso es algo que tú deberías saber", como tampoco nos gusta a nosotros.

Construye su autoestima y permíteles crecer

Desarrolla su autoestima

Trabaja desde temprano en la autoestima de tus hijos. Si los niños se sienten bien respecto de sí mismos, resistirán tener que probar lo valiosos que son mediante acciones peligrosas o elección inapropiada de amigos.

Ayuda a tus hijos a encontrar algo en lo cual puedan sobresalir. Desarrollar destrezas positivas no sólo reforzará su autoestima, sino que también resultará en que no tendrán ocasiones de desperdiciando el tiempo. El adagio: "Las manos ociosas son el taller del diablo" es cierto.

Déjalos que crezcan

Tenía tantos temores por el mundo real de "allá afuera", que tendía a querer mantener a mis hijos bajo mis alas. Pero yo misma sólo crecí cuando se me dio la oportunidad de asumir responsabilidades, así que calculé que ésta era también la única manera en que mis hijos habrían de crecer.

Refuerza el desarrollo social positivo

Provee experiencias de grupo

Prevéeles experiencias de grupo antes de los años de la adolescencia. Mientras todavía tengas el control, ten a tus jovencitos integrados al grupo juvenil de la iglesia o en organizaciones de la comunidad. Por supuesto, dedica tiempo a servirles de chofer llevándolos de aquí para allá a cada uno, ya que esto podrá pagarte buenos dividendos más tarde.

Recibe a sus amigos

Recibe a los amigos de tu hijo. Puedes sentir que estás peleando una batalla interminable contra el poder del grupo de pares. Pero no tiene que ser de esa manera.

Los amigos de mis chicos siempre fueron bienvenidos en nuestro hogar, especialmente porque eso me permitía saber lo que estaban haciendo. Admito que me llevó tiempo y esfuerzo hacer mi hogar disponible, pero sé que valió la pena.

Ofrece a tus hijos hombros anchos donde recostarse

La presión de los pares puede ser un poco agobiante a veces, y resistir dicha presión puede requerir más fuerza de la que algunos jovencitos pueden juntar. Cuando eso sucede, tus hijos pueden romper reglas que ya tú y ellos habían acordado previamente. Pero esas infracciones no son actos de deliberada desobediencia sino manifestaciones de una inhabilidad de estar firme ante los pares de uno y decir no. Durante ese tiempo, nuestros hijos necesitan nuestro respaldo, no nuestro reproche.

Ofréceles apoyo

Recuerdo cuan intensa podía ser la presión de los pares, así que cuando mis propios hijos estaban en su preadolescencia, les dije:

"Cuando te encuentres en una situación difícil y no quieras que los demás se burlen de tu decisión, cúlpame a mí. Simplemente diles: 'No puedo. Mi mamá me mataría. Ya la han visto y saben que ella es capaz de hacerlo'.

"Mis experiencias a través de los años me han dado hombros anchos; me hace feliz acarrear tus desafíos hasta que seas suficientemente fuerte para cargarlos por ti mismo."

En esos primeros años, me sentía aliviada al escuchar ocasionalmente a uno de mis chicos decir en el teléfono: "Lo siento, no puedo. Mi mamá no me deja", aunque no se me había preguntado.

Siempre pasaba de largo haciendo oídos sordos. Pero por dentro me regocijaba.

Enseñé en la escuela secundaria por 15 años, así que disfrutaba estar rodeada de adolescentes. Me encantaba cuando Jay y Holly invitaban a sus amigos para ver un vídeo o para jugar juegos de mesa. Yo me encargaba de la pizza, queso y galletas, frutas y bocaditos, y brownies. Mis adolescentes conocían las reglas: podían invitar a quien ellos quisieran, pero a ninguno se les permitía tomar licor, fumar, jurar o ver películas inapropiadas en nuestra casa.

Admito que ambos invitaron amigos que me hicieron sentirme un poco nerviosa, pero comoquiera yo les hacia sentir que eran bienvenidos. Para muchos de ellos, nuestro hogar era un cielo, y quizás mis reglas daban una idea de lo que se espera que sea una vida familiar estructurada completa con horas de cena establecidas.

Hazte disponible

No me quedaba alrededor de mis hijos cuando tenían a sus amigos en casa, pero siempre "sucedía" que estaba horneando

—con resultados que se servían frescos fuera del horno— cuando sus amigos llegaban los viernes por la noche. Por supuesto, también hacia oídos sordos mientras limpiaba la cocina y ellos veían una película.

Solamente en una ocasión tuvimos un problema. Holly había asistido al juego de hockey de la escuela con un grupo de amigas. Sabía que la que manejaba el auto era responsable, así que le permití que fuera, y luego invité a la pandilla completa para que comieran pizza y vieran una película al regreso. Como no había enfatizado que iban a ver un video escogido por mí, uno de los chicos trajo uno de su colección.

Atravesé la sala de estar camino al cuarto de lavar (siempre tenía toallas que doblar). Inmediatamente supe que ésta era una película que prefería que no estuvieran viendo. Con todo, por un momento dudé si apagarla, no queriendo causar una escena.

Entonces en medio de mi débil proceso de decisión, *la* palabra impropia salió casi rompiendo la pantalla del televisor. No sólo yo la había escuchado, sino que mis hijos también sabían que la había escuchado.

Con los otros mirándome por la esquina del ojo, le hice señas a Holly de que me viera en la sala. Su "uff, ooh" sólo aumentó la tensión.

Pero sé firme

Ella me siguió. "Bueno Holly, sabes que el video se debe apagar", le dije. "Ahora, ¿quieres que yo *me* encargue de eso, o prefieres hacerlo tú misma?"

Abrió los ojos. Tratando de ahorrarse la vergüenza, murmuró: "¡Mamá! Como si yo nunca hubiera escuchado esa palabra —y peores— en la escuela".

"Desdichadamente sé que así es", le contesté. "Pero ésta no es la escuela: éste es nuestro hogar. Y no vas a escucharlas dentro de estas paredes. Ahora, te pregunto de nuevo: ¿Quieres que la detenga yo, o tú te encargas de hacerlo?".

"Realmente me tratas como si fuera un bebé."

Y sé diplomática

Lo dijo de una manera tan engreída, no característico de ella, que con facilidad pude haber reaccionado exageradamente. En cambio, tuve a buen sentido darle un abrazo de oso.

"No, te estoy tratando con el respeto que te mereces, exactamente de la manera que espero que tus amigos te traten a ti", dije. "Si pensara que eres un bebé, hubiera tronado en la sala y lo hubiera apagado yo misma. Por respeto a tu madurez, te estoy dando a escoger."

Regresó a la sala de estar y murmuró: "Lo siento, chicos. Mi mamá dice que no podemos ver esto".

Esperaba escuchar quejas del grupo. En lugar de ello, uno de los chicos pidió perdón rápidamente. "Oh, Holly, lo siento. No fue nuestra intención causarte problemas."

"No me han causado problemas. Es simplemente que no podemos ver esto."

Sí, dales a tus hijos un hombro fuerte donde recostarse mientras aprenden a crear su propio equilibrio.

COMPARTE CON TUS CHICOS TU AMBIENTE DE TRABAJO

Incluir a nuestros hijos en nuestro trabajo —dejándolos que vean parte del mundo laboral de los adultos— les ayuda a se menos demandantes.

Millie lleva con regularidad a sus hijas a la oficina los sábados mientras corre los pronósticos financieros para su compañía. Mientras le ayudan a colocar los reportes dentro de las carpetas para la reunión de la junta del lunes por la mañana, les explica por qué estos documentos son importantes. No sólo las chicas ven su ambiente de trabajo, sino que también comienzan a entender cómo los eventos allá afuera tocan sus propias vidas.

Siempre que era posible, incluía a Jay y a Holly en mis entrevistas para los artículos de la revista, para que aprendieran tempranamente a entremezclarse con lo que me rodeaba por esos pocos minutos. No sólo veían cómo era que pagaba mis cuentas, sino que también conocieron algunas personas maravillosas.

Una de sus aventuras favoritas mientras "cumplían una misión" conmigo ocurrió en Nashville, Tennessee. Ya terminado el asunto con nuestras vacaciones, había arreglado una entrevista con alguien que por largo tiempo había admirado: la señora Sarah Cannon, mejor conocida por los fanáticos del Gran Ole Opry como Minnie Pearl.

De camino a conocer a la señora Cannon antes de su aparición por la tarde en el escenario del Gran Ole Opry, resumí su carrera a mis adolescentes, hasta les conté varias de sus bromas sureñas en las cuales ridiculizaba su propia apariencia. Expliqué el origen de dichas bromas, añadiendo que ella había crecido bajo el sobrenombre de "plana". Por supuesto, para un niño "plana" se traduce como "fea".

Esperamos sólo unos minutos en el área de recepción antes de que la señora Cannon se acercara y nos diera un caluroso saludo. Mientras conversábamos, Jay y Holly se sentaron calladamente, observando y escuchando.

Luego, mientras nos poníamos de pie y le agradecía por su tiempo, me tomó la mano y dijo con su manera tranquila: "Ahora quiero que tú y tus hijos se sienten en el escenario detrás de mí".

¿Sentarnos en el escenario del histórico Gran Ole Opry? Casi grité de la alegría, pero pude aceptar la invitación ordenadamente y con mucha gracia. Durante las próximas dos horas, los tres nos sentamos detrás de mucha de la gente que había sido una parte importante de mi crecimiento Entonces, la señora Cannon, esperando detrás de las cortinas por su señal, se volvió para sonreírme a mí mientras Roy Acuff anunciaba: "¡Prima Minnie Pearl!".

Después del espectáculo, con gracia se despidió de nosotros y me entregó el número de teléfono de su casa, para que pudiera cotejar los detalles de la versión final del artículo. De regreso al auto, Jay comentó sobre los músicos, pero Holly no salía de su asombro preguntándose por qué una mujer tan atractiva como la señora Cannon podía contar esas bromas tan horribles sobre ella misma.

Dos semanas más tarde, hice los arreglos preliminares para llamar a la casa de la señora Cannon. Me porté de una manera bastante profesional todo el tiempo, pero mientras nos despedíamos, dijo con su voz sureña tan gentil: "Salúdame ahora a tus hijos por mí. ¿Jay y Holly, cierto?".

Estaba atónita de que los recordara por sus nombres y que los mencionara. Luego comentó: "Querida, son unos chicos increíbles".

En ese momento perdí todo profesionalismo y comencé a parlotear. "Señora Cannon, tengo que decirle que luego que nos fuimos del Opry, Holly me dijo: "¡Mamá, ella es tan preciosa!".

Sin perder tiempo, la señora Cannon dijo: "¡Ella es mucho más increíble de lo que pensé!".

PERMITE QUE TUS HIJOS EXPERIMENTEN
LAS CONSECUENCIAS DE SUS ACCIONES

Muchos de nosotros hemos leído libros sobre el amor sufrido donde nos dicen que tenemos que dejar que nuestros hijos experimenten las consecuencias de sus acciones, aún cuando hacer esto signifique nuestro propio dolor al verlos sufrir.

Ginny tuvo que morderse los labios cuando dejaba a su hijo gastar de manera no sabia su mesada y luego —puesto que se prohibió a sí misma sacarlo de esto— ver que no podía participar de varias actividades divertidas. Ella sabía que le estaba enseñando lecciones para toda la vida, pero seguía siendo difícil verlo perder toda esa diversión con sus amigos.

Ella pudo haber racionalizado la situación y darle dinero extra, especialmente porque él "había perdido tanto en la vida". Pero sabiamente escogió sufrirlo juntos, para que aprendiera a manejar mejor su presupuesto. Se tomó unas cuantas semanas difíciles, pero cuando vio que sus ojos tristes y sus súplicas de "sólo esta vez" no estaban trabajando, comenzó a velar por su dinero con más cuidado.

Y yo tuve que dejar a Jay ir a la escuela sin almuerzo en varias ocasiones mientras le decíamos adiós a la "buena de mi madre me ayudará" durante las situaciones difíciles. Cuando estaba en la escuela elemental, con frecuencia le llevaba su almuerzo cuando lo olvidaba. Pero cuando nos mudamos a Nueva York para comienzos de su octavo grado, acordamos que nunca más le llevaría su almuerzo a la escuela. Sólo ocasionalmente encontraba su almuerzo todavía en el refrigerador en la mañana. Por supuesto, se lo comía tan pronto llegaba a la casa a las 3:00, yo sabia que su salud no estaba en riesgo.

SÉ UN POCO FLEXIBLE CON LAS PRIMERAS OFENSAS MENORES

Entonces llegó el día en que abrí el refrigerador para tomar mi almuerzo e irme al trabajo y descubrí que Holly había olvidado el suyo. ¿Era justo que la tratara a ella con amor sufrido la primera vez que fallaba? Pero si cedía, ¿no le estaría enseñando que no tenía que preocuparse de ser responsable? ¿La "buena de mami" saldría volando a rescatarla?

Me paré frente al refrigerador abierto por un largo rato, peleando conmigo misma. Finalmente decidí que si esto se convertía en una costumbre, lo trataríamos más tarde. Manejé hasta su escuela, todavía peleando mentalmente con los expertos en amor sufrido, decidiendo que todavía Holly no era una candidata para sus técnicas. Aparte de esto, yo habría sufrido más que ella si hubiese dejado su almuerzo en el refrigerador.

Llegué a la escuela apenas pocos minutos antes que comenzara su primera clase. Ella y varias de sus amigas estaban todavía en sus casilleros, peinándose el cabello y charlando sobre los planes para el día. Holly se volvió justo cuando me acercaba. La mirada de sorpresa y de agrado en su rostro hizo justicia a mi viaje y a mi esfuerzo. Me agradeció profundamente por llevarle su almuerzo, recordándome que había hecho ensalada de huevos y que se desilusionó cuando descubrió que la había dejado en la casa.

Nuestra costumbre desde antiguo ha sido despedirnos con un abrazo, pero después que le entregué su almuerzo y escuché otro "gracias", me quedé allí parada torpemente por un rato. Quería ese abrazo, pero no quería avergonzarla frente a sus amigas.

Al fin dije: "Bueno, tengo que irme al trabajo. ¿Quién quiere un abrazo antes de irme?".

Kristi se levantó del piso: "¡Yo!".

Le di un maternal abrazo de oso, mientras Holly se quedó cerca, sonrojada y diciendo: "¡Mamá!".

Entonces Jessica dijo: "Yo también". Una a una les fui dando un apretón a sus cinco amigas para enviarlas a enfrentar su día. Finalmente sólo quedaba Holly. La abracé y me apresuré hacia la salida.

Esa noche, mientras limpiábamos la mesa después de la cena, me agradeció nuevamente por llevarle su almuerzo a la escuela. Le dije que esperaba no haberla avergonzado con todos los abrazos.

Sacudió la cabeza. "Al principio sí me sentí avergonzada porque siempre haces cosas raras. Pero luego, dos de mis amigas me dijeron que eres genial. Y estuve de acuerdo con ellas."

Le di otro abrazo grande allí mismo.

De hecho, esa fue la última vez que ella olvidó su almuerzo.

Cuando viene el empellón, mantente firme

Aunque es maravilloso ser comprensiva, perdonadora y abierta a discutir las reglas de la casa, llega el momento en que tienes que tomar una decisión, y no dejes que nadie te convenza de lo contrario. Cuando esos momentos nos llegaban a nosotros, Jay y Holly acostumbraban discutir. Pero yo les decía: "Simplemente escribe esto en tu lista de '*Cosas dañinas que mi mamá nos hacia.*' Yo la firmaré para que tengan pruebas cuando se la muestren a un psicólogo en el futuro".

La discusión siempre terminaba ahí mismo.

Entonces llegó el año en que decidí que, "como se debe", asistiríamos el Día de la Independencia a un show fuegos artificiales. En el pasado siempre nos quedábamos en nuestro trailer frente al lago, y los chiquillos se contentaban con lucecitas y estrellitas brillantes. Pero en esta ocasión quería mostrarles un cielo lleno de colores anaranjados, verdes, rojos y azules. Bueno, también yo quería volver a ver el show.

Cuando les hablé con mucho entusiasmo sobre mis planes, se miraron el uno al otro con la expresión de "otra vez con esto". Esa tarde, Jay que tenía diez años corrió hacia la casa.

"Mamá, Timmy tiene un bolso llena de cohetes que vamos a disparar esta noche. ¿No te parece grandioso?".

Lo miré desde la ropa para arreglar: "Pero vamos a ir al parque a ver los fuegos artificiales. ¿Recuerdas?".

Jay frunció el ceño. "Yo no quiero ir. Quiero disparar cohetes explosivos."

Por varios minutos traté de razonar con él. Finalmente dije: "Ya basta. Yo tengo el mando. *Vas a ir* a los fuegos artificiales".

Jay me miró y se fue a su cuarto.

Durante la cena estuvo triste. En el parque ignoró mis intentos de incluirlo en la conversación que disfrutaba con Holly.

Entonces abrí la nevera portátil. "¿Qué quieres, cola o jugo?" Pregunté pensando que rechazaría la oferta para no tener que contestarme.

En lugar de esto murmuró: "Cola".

Me mordí los labios para no comentar nada.

Por fin, el cohete humeante subió para probar el grado de oscuridad del cielo. Fue seguido por una explosión que llenó el cielo con una brillante sombrilla anaranjada.

Mientras la multitud emitía un colectivo: "Ahhh", Jay se volvió hacia mí, sus ojos brillaban. "Oye, mamá. ¡Esto es grandioso!"

Mi guiñada fue lo más próximo a decir: "Te lo dije".

ENSEÑA RESPONSABILIDAD A TUS HIJOS

Los consejeros y expertos en niños nos recuerdan que los hijos que tienen tiempo en sus manos no son felices. De hecho, aquellos que no tienen tareas domésticas ni responsabilidades tienden a reñir más que los que están ocupados respecto a la casa.

También, las madres solas caen fácilmente en la trampa de pensar que tienen que hacer malabarismos con *cada* bola. Pero la que está rotulada "tareas domesticas" puede fácilmente ser delegada a los hijos. Y tenemos menos problemas disciplinarios cuando nos aseguramos de que los niños entiendan exactamente lo que esperamos de ellos cuando les asignamos sus tareas.

No podemos decir usualmente: "Limpia tu cuarto". Tenemos que ser específicos: "Tiende la cama. Pon tu ropa en el perchero. Guarda los juguetes. Saca el polvo de tu tocador, la silla y la cama".

Muchas veces me recordaba a mí misma este hecho cuando enviaba a Jay de nuevo a su cuarto con instrucciones de mirar ese lío a través de *mis* ojos. Enfrentemos el hecho, la mayoría de los adolescentes varones no comparten la misma obsesión por la limpieza que tienen sus madres. Tuve que aprender que el cuarto de Jay es el cuarto de Jay.

A mis chicos les gusta tener una lista sobre el mostrador de la cocina para ir tachando cada una de las tareas a medida que las van realizando. He descubierto que la lista funciona mejor que asignarles una tarea nueva luego de terminar la anterior. Si deben estar recibiendo una tarea nueva tras otra, se sienten frustrados, pensando que el trabajo nunca terminará. Todos necesitamos ver que la meta se puede alcanzar.

También descubrí que trabajan mucho mejor si trabajo con ellos. Así que cuando estaban aprendiendo a realizar su trabajo, no podía limitarme a decirles: "*Pon* todos tus juguetes en su estante". Era necesario que dijera: "*Pongamos* tus juguetes en el estante".

Hasta los niños pequeños pueden encargarse de preparar ocasionalmente una cena que no requiera cocinarse. Y no está mal tener emparedados de pollo frío para cenar.

Lo importante es que pasen tiempo juntos y hablen sobre cómo pasaron su día. Cenar juntos con frecuencia puede convertirse en lo que mantiene a la familia sólidamente unida.

Con mi entrada a la vida de madre sola, no cocinaba de la manera tradicional —carne y papas sobre la mesa todas las noches a las 5:30— pero también me rehusaba a ceder al síndrome de la comida rápida. Nuestras comidas constaban de una proteína y una verdura crujiente. También hacía doble porción para que lo que quedaba —después de recalentarlo en el microondas— pudiera proveernos otra cena. Le añadíamos una ensalada fresca, y teníamos un banquete.

Una de nuestras cenas, cada semana, consistía siempre de pollo asado. No solo teníamos una buena cena, sino que lo que quedaba de ella servía para varios almuerzos durante la semana. Y eso era una bendición, puesto que rehusaba comprar habitualmente fiambres: son demasiado caros y están llenos de sal y nitratos.

Algunas cosas buenas resultaron de mi ocupada agenda: Jay y Holly tuvieron que tomar más responsabilidades en la cocina. El mejor sistema que encontramos fue el de turnarse para cocinar y limpiar; Holly lo hacia los días pares del mes y Jay lo hacia durante los impares.

Esas primeras comidas que los chicos prepararon fueron realmente interesantes. Holly disfrutaba probando recetas de libros de cocina e intercambiando ideas con sus amigas, mientras que Jay servía lo que hubiera en el refrigerador. Pero pronto progresó de recalentar pizza a papas picantes y a la maravillosa sopa de brócoli con queso. Hoy día prepara con habitualmente una cena completa de carne marinada, pan hecho en casa y su postre personalizado de copas de chocolate rellenas con mouse de frambuesa. ¡Oh, la perseverancia da su fruto!

ENTONCES, ¿PODEMOS PEGARLES?

Carlos y Marilyn, mis amigos de Michigan con seis hijos, eran mis mentores en crianza de niños mucho antes de que Jay y Holly llegaran a mi vida. Carlos decía que él los castigaba bíblicamente: advierte, actúa, ama.

Puesto que asistíamos a la misma Escuela Dominical, con frecuencia hablábamos de los desafíos de la crianza de niños. Carlos decía que no podía usar el vapuleo como una herramienta efectiva con sus seis chicos, pero decía que ellos sabían que después de darles su nalgada, él los envolvía en un fuerte abrazo.

Su esposa, Marilyn, dice: "Es tremendo ver a nuestros propios hijos ya crecidos tomando ahora con sus hijos las mismas decisiones que nosotros tuvimos que tomar antes", tales como no permitirles ver los dibujos animados el sábado por la mañana hasta que cada niño hubiera terminado sus tareas".

Proverbios 22:6 dice: "Instruye al niño en el camino correcto, y aun en su vejez no lo abandonará". Varios estudiantes de la Biblia están de acuerdo en que el contexto original es "instruye al niño en *su* camino", refiriéndose a lo que funcionará para ese niño. Y ¿no hemos visto con frecuencia que lo que es disciplina efectiva para un niño no lo es para otro? Qué tremenda responsabilidad. Queremos disciplinar a nuestros hijos pero no al punto de alejarlos de nosotros, ni del Señor.

Acostumbraba a decirles a mis chiquillos que los amaba y que quería que se comportaran de tal manera que los demás pudieran apreciarlos. Así que mantente firme, y sabe que si ahora tomamos las decisiones correctas, podremos relajarnos —un poquito— más tarde.

No dejes que la disciplina se convierta en abuso

Mantente alerta

Los niños abusados son un problema creciente en nuestra sociedad. Dondequiera que cita un incremento en las estadísticas, se ofrecen las mismas razones: estrés, aumento en las presiones, frustración por la manera que la vida se ha tornado, abuso de alcohol y drogas, falta de un sistema de soporte de la familia extensa o un continuo ciclo de abuso de una generación a otra. Y el potencial de abuso es con frecuencia mayor para las madres solas, que están tratando de manejar demasiadas responsabilidades.

Conozco cuan finita es la línea entre la disciplina y el abuso. Un día, en mis comienzos como madre sola, estábamos los tres muy apresurados para salir hacia la escuela y mi trabajo. Mientras tragaban su cereal, empaqué su almuerzo apresuradamente, porque había estado muy cansada la noche anterior.

Entonces, justo cuando recogíamos nuestros abrigos, Jay de 10 años, dijo: "Oh, se me olvidaba. Tenemos que llevar nuestros almuerzos en una bolsa de papel porque vamos para el museo".

Perdí completamente los estribos. Golpeé su brazo con furia, luego le grité por su falta de consideración mientras sacaba su comida de su mochila y la arrojaba dentro de la bolsa de papel.

Ambos me observaron —y oyeron— atónitos, asustados y en silencio. Grandes lágrimas salieron de los ojos de Holly, y todo lo que Jay pudo decir fue: "Lo siento, mamá".

Miré a esos dos pequeños niños asustados que no tenían a nadie más de quien depender con excepción de la furiosa mujer en que me había acabado de convertir. Coloqué las manos sobre mi rostro y sollocé.

Y eso era exactamente lo que debía hacer. No sólo tuve el buen sentido de mirar a mis hijos durante esa loca escena y relajar mi tensión llorando, sino que además esa noche les asigné la responsabilidad de empacar sus almuerzos luego de la cena cada noche.

Mantente preparada

Una de las satisfacciones de ir madurando es la habilidad de llegar a anticipar esas situaciones que nos hacen sentir estresadas y sin esperanza.

Si estoy demasiado cansada o preocupada con las cuentas o cuando siento que me jalan en varias direcciones al mismo tiempo, me pongo imposible. Pero también he aprendido a decir: "No puedo manejar esto correctamente ahora", y lo dejo hasta que me enfrío un poco. Y sé que, tarde o temprano, voy a tener que hablar con el Señor sobre eso, así que trato de hablar con Él aunque todavía me sienta enojada o desilusionada.

Recuerda, cuando Él dijo en Mateo 19:14: "Vengan a mí", no *añadió:* "pero vengan con una sonrisa en su rostro".

Así que no golpees a tus hijos cuando estás enojada. Pero si sucede, date a ti misma un tiempo para relajarte y no pretendas que no ha sucedido nada. Luego enfrenta a tus hijos, pide perdón, y habla sobre el asunto. ¡Pero no te retuerzas las manos y te lamentes de que tengan una madre terrible, porque no la tienen!

Quizás debas decirles lo que necesitas de ellos y lo que estás dispuesta a darles a cambio. En ocasiones eso se traduce como: "Cuando llego del trabajo a la casa, necesito por lo menos colgar mi abrigo en su lugar antes de que me traigan la crisis más reciente. Dame esos pocos minutos, y entonces estaré lista para escuchar con atención".[1]

Brinda disciplina con amor

No puedo enfatizar suficientemente que la disciplina tiene que ser balanceada con mucho amor. Los niños no pueden leer las mentes como tampoco nosotros podemos, así que no van a saber que son amados a menos que lo experimenten a través de palabras y acciones.

Un verano, escuché al Dr. Gary Chapman, un pastor y consejero de Winston-Salem, Carolina del Norte, hablando sobre los cinco lenguajes del amor. Aunque se refería a esposos y esposas que hablan muy escasamente el mismo idioma, sus comentarios me ayudaron a entender mucho mejor a Jay y a Holly.

Comparto aquí las cinco maneras en que, dijo él, la gente oye que es amada.

Palabras. Oír: "Te amo", "Aprecio tu duro trabajo" y "Me alegro que seas parte de nuestra familia" nos da a muchos de nosotros la fuerza para sobrellevar la próxima crisis.

Actos de servicio. La canción lema de aquellos de nosotros con este idioma es "No me hables de amor: ¡muéstramelo!"

Regalos. Para muchos, incluida Holly, un regalo dice con frecuencia: "Vi esto y pensé en ti".

Contacto físico. El Dr. Chapman dice que éste es el idioma que muchos esposos oyen mejor. Pero traduciendo esto a una palmadita en los hombros de tu hijo cada vez que pasas por su lado o dándole un fuerte abrazo de despedida también puede mostrarle tu amor.

Tiempo de calidad. Lo increíble de este idioma es que este tipo de persona, incluido Jay, quiere compartir tiempo con otra pero no necesariamente tienen que hablar. Comprendí a mis familiares sureños que quieren que sus esposas compartan cuatro horas pescando con ellos, pero no dicen ni tres palabras, a menos que sea "mueve los pies". [2]

Por supuesto, aunque la mayoría de nosotros hablamos uno o dos de estos idiomas, usar un poquito de todos ellos nos ayudará a establecer una atmósfera en la cual los niños sepan que son amados aunque sigamos trabajando en su disciplina.

Repasemos con sensibilidad

➜ Ten en claro por qué disciplinas a tus hijos.

➜ Ten un mapa de ruta de la disciplina en el cual bosquejes metas específicas, definas tus valores y establezcas los límites firmes que le dan a tus chicos un sentido de seguridad.

➜ Ayuda a tus hijos a construir su autoestima y ayúdalos en su crecimiento hacia la madurez.

➜ Refuerza su desarrollo social positivo proveyéndoles experiencias de grupo adecuadas y haciendo que sus amigos se sientan bienvenidos en tu hogar.

➜ Discierne si tus hijos están siendo deliberadamente desobedientes o si simplemente están rompiendo con las reglas acordadas como respuesta a la presión de sus pares.

➜ Hazlos participar en tu ambiente de trabajo para aumentar su aprecio por tus responsabilidades y ampliar sus horizontes.

➜ Permíteles experimentar las consecuencias naturales de acciones repetidas.

➜ Sé flexible cuando los incidentes son ofensas menores cometidas por primera vez.

➜ Pero cuando viene el empellón, mantente fuerte.

➜ Enseña responsabilidad a tus hijos y evita que estén ociosos asignándoles tareas domésticas.

➜ Castiga en forma bíblica: advierte, actúa, ama; pero no permitas que la disciplina se convierta en abuso.

➜ Aplica siempre la disciplina con generosas cantidades de amor.

Notas

1. Para información y referencias de agencias locales de protección en los Estados Unidos, puedes escribir a: The National Comittee for Prevention of child Abuse (El Comité Nacional de Prevención de Abuso Infantil) P.O. Box 2866, Chicago, IL 60690. O llama a The National Child Abuse Hotline (la Línea de Emergencia Nacional de Abuso Infantil de los Estados Unidos): 1-800-4-A-CHILD.

Para reportar abuso infantil local, puedes llamar a la agencia de protección infantil en tu país. Simplemente no cierres tus ojos ante lo que está sucediendo con los niños. Ellos necesitan tanto la protección como la disciplina de un adulto amoroso.

2. Gary D. Chapman, Ph.D.: *The Five Love Languages* (Chicago: Northfield Publishing, 1992), n.p. – Hay versión castellana: *Los cinco lenguajes del amor*, Ed. Unilit.

CAPÍTULO 9

Amamos a nuestros familiares, pero a nuestros hijos los criaremos nosotras

No abandones a tu amigo ni al amigo de tu padre. No vayas a la casa de tu hermano cuando tengas un problema. Más vale vecino cercano que hermano distante.

Proverbios 27:10

¿Recuerdas la fábula de Esopo acerca del hombre que trató de agradar a todos? Él y su hijo iban camino al mercado, guiando a su burro y disfrutando la bella mañana juntos.

Uno de sus vecinos los vio y dijo: "¿No es tonto eso? Tienes un buen burro contigo, pero ninguno lo va cabalgando".

Así que el padre subió a su hijo sobre el burro, y continuaron hacia el mercado.

Pero luego de unos cuantos minutos, otro amigo los vio y dijo al hijo: "Que mal de tu parte montar el burro mientras tu anciano padre tiene que caminar".

Así que el padre se unió al hijo sobre el lomo del burro. No pasó mucho tiempo hasta que pasaron cerca de un tercer amigo.

"Qué descuidados son ustedes", dijo, "haciendo que este pobre burro los cargue a ambos hasta la ciudad".

Así que ambos se bajaron del burro y el padre prontamente cargó al animal sobre sus hombros.

Mientras caminaban lentamente, un cuarto vecino los vio. "Bueno, ésta es la cosa más tonta que haya visto jamás: un burro que es llevado a cuestas."

La obvia moraleja es que no podemos agradar a todos. ¡Que podamos aplicar esa simple filosofía a nuestra crianza de niños como madres solas!

CUIDAREMOS DE NUESTROS HIJOS

Cuando tomé la decisión consciente de no volver a casarme —contrariamente a las observaciones y consejos de mis familiares— también tomé la decisión de que criaría a Jay y a Holly del mejor modo que me lo permitiera mi capacidad sola. Nuevamente, mi decisión era contraria a las expectativas de mis familiares.

Como un típico kentuckiano, mi padre era un narrador de historias, y la mayoría de sus historias sobre la vida en las montañas estaban cargadas de mucho drama. Crecí escuchando, horrorizada y llorando, la epopeya de un vecino que asesinó a su esposa, de niños que fueron regalados o de fuegos que consumieron casas de madera en cuestión de minutos.

Pero la historia que me contó de un ancestro que rehusó aceptar los hijos de su segunda esposa, siempre agitó mi temperamento en lugar de provocarme lágrimas.

La primera esposa de este pariente había muerto, dejándolo con tres chicos. El sufrimiento y la realidad solían caminar juntos en las montañas para el cambio de centuria, así que en cuestión de semanas estaba buscando otra esposa que cuidara de sus hijos. La principal candidata era una viuda con tres hijos varones. Se casaron rápidamente, y los muchachos fueron enviados a vivir con el hermano de la mujer en un pueblo vecino.

Cuando la carroza jalada por una mula emprendió camino con los tres muchachos y se alejaban de la única casa que ellos conocían como su hogar, los chicos comenzaron a gritar: "¡Mamá! ¡Mamá!".

Cuando papá mencionó el dolor y sufrimiento de estos muchachitos al ser separados de su madre, perdí los estribos.

"¿Cómo podía renunciar a sus hijos de esa manera?"

"¿A qué te refieres?" Preguntó mi papá. "La casa era muy pequeña para tener tres chicos más."

"¡Pero no fue demasiado pequeña para acomodar los que él y ella tuvieron juntos después! ¡Que me llamen terca y me maldigan antes de renunciar a mis hijos de esa manera!"

"¿Qué hubieras hecho tú?", preguntó. "Te encuentras atrapada allá en las montañas con tres chicos y viviendo de la caridad de otra gente."

A los 17 años, tenía más fuego que sentido común. Pero también poseía el instinto de una madre osa, y sabía para ese entonces que pelearía por mis cachorros.

"Caminaría hasta el pueblo más cercano aunque me tomara días", dije. "Encontraría un empleo o caminaría por las calles, pero alimentaría a mis hijos y ningún hombre de esta tierra me los quitaría. ¡Ella demostró que no tenía fuerza de carácter por haber regalado los suyos, y él era una escoria por hacerle tomar esa decisión!"

Ninguno de nosotros le ganó alguna vez al otro en cuanto a expresar nuestros puntos de vista sobre esos antepasados y sus hijos. De hecho, esa discusión entre mi papá y yo ocurrió dos décadas antes de convertirme en madre sola. Repentinamente, sin embargo, mi papá obtuvo consuelo de mi sostenida posición sobre el asunto. Sabía que cuidaría muy bien de mis hijos, sus nietos.

Seguimos a cargo

Nuestros familiares no sólo suelen esperar que actuemos de determinada manera, sino que esas expectativas fácilmente también recaen sobre nuestros hijos. Dos días después del sepelio de mi esposo, su padre se despidió de nosotros en nuestra cocina.

Mientras abrazaba a Jay de diez años, le dijo: "Cuida de tu madre. Tú eres el hombre de la casa ahora".

Desde donde estaba parada podía ver el rostro de Jay, y me impactó el pánico que se reflejó en sus ojos.

Miré a su abuelo. "No, papá. Él es el hijo de 10 años de esta casa."

Desde entonces Jay ha comentado cuánto significó para él lo que yo dije. El sólo perdió a uno de los padres; necesitaba la seguridad de saber que su mamá seguía estando a cargo.

Realmente, esperar indebidamente de nuestros hijos la conducta y responsabilidad de un adulto es un área que las madres solas tenemos que vigilar. Sí, es tentador tratar a nuestros hijos como nuestros confidentes, pero ellos son los hijos y nosotros somos los padres.

Nosotras decidiremos lo que es mejor para ellos

Después que Karen quedó sola, su suegro comenzó a quejarse de que ella mantenía a sus dos hijos en una escuela cristiana y, como él decía, "escudándolos del mundo real". Ella estaba convencida de que mantenerlos en esa escuela era lo mejor para sus hijos para el próximo año. Así como Ana en 1 Samuel 1:15 —cuando el sacerdote Elí la acusó de estar ebria— Karen calladamente respondió a esos cargos. Dijo: "Pero la que es responsable por ellos soy yo. Yo soy la que tendré que pararme ante Dios y darle cuentas".

Más tarde, habló con una amiga de confianza sobre sus frustraciones, diciéndole entre lágrimas: "Esto es un asunto mayor que decidir si van a una escuela pública o privada. Se trata de si realmente sé lo que es mejor para *mis* dos hijos".

Me puedo identificar con ese sentimiento, porque algunos de mis familiares tuvieron silenciosos ataques cuando acepté un trabajo editorial en Nueva York. Ellos nunca habían ido allá, sólo habían visto películas de la ciudad de Nueva York. Pero me dijeron que estaba llevando a mis hijos a uno de los lugares más peligrosos del mundo.

Al final, sólo la parte financiera fue difícil. Me encantaban las ramas de los árboles que formaban una galería sobre las calles y sus suaves colinas que me recordaban a mi amado Kentucky. Y especialmente me agradaban las escuelas.

Así que me encogí de hombros ante los comentarios de mis parientes. En el momento en que decidí salirme de su capullo, dejé de tratar de complacerlos.

No nos preocupemos por adecuarnos a una imagen

Pensaba que sabía que no debía importarme demasiado lo pensaban que todos mis familiares. Pero por un largo tiempo no fue así.

Ha sido difícil nadar contra la marea emocional —y los estándares— que ellos me pusieron durante esos tempranos años cuando estaba creciendo. Además, los adultos son niños grandes, y había lo suficiente de niñita en mí para que siempre buscara que mi familia extensa se sintiera orgullosa de mí.

Tratando de adecuarme a la imagen de mis familiares

Cuando iba creciendo dentro de mi cultura sureña, estaba dispuesta a aprender a cuidar de mi futura familia. Eso se traducía en plantar enormes huertos de verduras, envasar y congelar lo producido, coser mi propia ropa y hacer colchas con retazos de telas. Esas habilidades son ciertamente admirables, pero no destruyeron mi determinación de ir al colegio y convertirme en maestra.

Naturalmente, en las reuniones obligatorias del clan, yo sentía que no encajaba mientras un tío ocasionalmente comentaba que yo era "demasiado correcta" o una de mis muchas tías alababa deliberadamente el último proyecto de costura de su hija antes de preguntarme en que proyecto estaba trabajando yo. Gradualmente, se me metió en la cabeza que no sería "realmente una mujer" hasta que hiciera mi propia colcha.

Así que, a una semana de mi graduación en la universidad, compré un kit para la cubierta blanca de una colcha que debía ser bordada en diferentes tonos de azul antes de ser acolchada según un patrón, sobre otro material, con varias miles de puntaditas. Trabajé en esto una y otra vez, mientras completaba mi maestría y produje dos bebés. Finalmente, seis años más tarde, llegó el día en que mi colcha estuvo terminada.

Invité a mi abuela de Kentucky, mamá Farley, mi mamá y dos de mis tías para una demostración oficial que declararía por fin mi estatus femenino. Tendí la colcha sobre la cama doble y retrocedí un poco, esperando su veredicto.

Mamá Farley sonrió. "Oh, querida, esto es precioso. Esta es la colcha más bella que jamás haya ...."

Se detuvo en medio de la oración mientras doblaba hacia arriba la esquina de la colcha para examinar la parte de adentro. Entonces rápidamente, la dejó caer sobre la cama.

"¡Oh, nudos!", fue todo lo que dijo.

¿Por qué no había podido recordar que el hilo se anuda siempre por la parte de adentro de la colcha? No lo había hecho que todavía no era una "verdadera" mujer.

No tenía otra alternativa que volver a intentarlo. Para mi próxima colcha, escogí un patrón de flores rosadas de cornejo para aplicarlas sobre un fondo blanco. Esa me tomó nueve años de coser puntaditas mientras enseñé, crié hijos, escribí libros, cuidé de mi esposo a través de numerosas batallas contra el cáncer, sufrí su muerte y, luego, mudé a mis hijos a Nueva York para mi cambio de carrera.

Un sábado por la mañana, terminé la cubierta rosa y anudé el último hilo rosa, recordando meterlo hacia adentro. Jay y Holly pasarían la noche en una actividad de jóvenes, así que, sola en nuestro pequeño condominio y 800 millas lejos de cualquier pariente, coloqué la colcha sobre mi cama, volteé la esquina hacia arriba para confirmar los nudos y me declaré a mí misma una verdadera mujer ¡por fin!

Aprender a mantener mis ojos en el Señor

Realmente, por entonces, la ceremonia había perdido su significado original porque luego de haber sobrevivido a varios traumas de la vida, sufrimientos y un cambio de carrera, ya estaba convencida de que después de todo era más valiosa de lo que había pensado. Estaba aprendiendo a entregarle mi baja autoestima al Señor y a agarrarme de Filipenses 3:13-14: "Hermanos, no pienso que yo mismo lo haya logrado ya. Más bien, una cosa hago: Olvidando lo que queda atrás y esforzándome por alcanzar lo que está delante, sigo avanzando hacia la meta para ganar el premio que Dios ofrece mediante su llamamiento celestial en Cristo Jesús."

Oh, me he golpeado con varios obstáculos en el proceso, pero aprendí a lo largo del camino lo que realmente es importante: mantener mis ojos en Él y quitarla de las tareas imposibles de tratar de encajar en las imágenes y expectativas de otros.

Por cierto, aún mi victoria por la colcha fue de corta duración. Después que conté esta historia públicamente, una de las mujeres de mi audiencia me dijo que ninguna de mis colchas "contaba" puesto que ambas eran de kits. ¿Puedes ver lo que quiero decir sobre la imposibilidad de agradar a todos?

Sencillamente ignora las exigencias de los demás

Desearía haber tenido la creatividad de Amy ese primer año en que estaba tratando de hacer malabarismos con mis emociones y programando adaptarme a las demandas de mis familiares. En lugar de pensar demasiado en las nociones de lo que otros pensaban que debía hacer, ella leía su lista personal sobre qué clase de mamá podía ser dadas las circunstancias y las necesidades de su hijo, y luego se recordaba a sí misma lo que Dios la había llamado a hacer y a ser. Por lo tanto, se ocupaba en ser responsable ante su Padre celestial en lugar de tratar de ser una super mujer o de ajustarse a los ideales de otras personas. Hacer —y leer constantemente— una lista como ésa es una manera perfecta de enfrentar el nuevo día y los desafíos que se presenten.

Deseé haber hecho eso en lugar de derramar mi frustración sobre amigos de muchos años, Dan y Janet. Pero Dan escuchaba a su manera callada, y luego me dio el mejor consejo que cualquier madre sola podía tener: "Camina a la luz de Dios y no prestes atención a lo que diga cualquier otro".

Repasemos con sensibilidad

➜ Como mamá que estás criando a tus hijos sola, no esperes satisfacer las expectativas de todos tus familiares, así que ni lo intentes.

➜ Tú, y no ellos, estarás algún día frente a Dios para rendir cuentas de cómo los criaste, así que resiste sus intentos de presionarte en direcciones que no son las mejores para ti y tus hijos.

➜ Mantente firme en tu decisión de cuidar de tus hijos y de decidir lo que es mejor para ellos.

➜ No empeores las cosas discutiendo con un pariente ofendido. Recuerda la verdad de Proverbios 15:1: "La respuesta amable calma el enojo, pero la agresiva echa leña al fuego".

➜ En ausencia de su padre, debes que proteger a tus hijos pequeños de sentirse indebidamente cargados. Ellos necesitan saber que su mamá sigue teniendo el control.

➜ Recuerda mantener tus ojos en Él y fuera de la imposible tarea de encajar en las imágenes y expectativas de otros.

➜ Recuérdate a ti misma frecuentemente la clase de madre que puedes ser, dadas tus circunstancias y las necesidades de tus hijos.

➜ Camina a la luz del Señor y no prestes atención a lo que todo el resto esté diciendo.

➜ Escucha al Señor y hallarás que Él ahogará las voces de parientes dogmáticos.

Capítulo 10

Cuando los chicos se pelean

¡Cuán bueno y cuán agradable es que
los hermanos convivan en armonía!

Salmos 133:1

Jay y Holly solían tener las discusiones más ridículas. Un día, estaba llegando del trabajo cuando entraron en mi cuarto como trombas.

"Mamá, castiga a Holly", exigió Jay. "Me estaba tirando cosas."

"Holly", pregunté, "¿qué le estabas tirando a él?".

"Hilo", aceptó ella.

Suspiré y miré a Jay. "¿Cuál es el problema? Así que te tiró con hilo."

Ni siquiera pestañeó. "Mamá, el hilo estaba en su *carrete* de madera."

ESPERA UN POCO

Las madres solas tenemos suficientes crisis para compatibilizar como para también tener que servir de árbitro dentro de nuestro propio hogar. Pero cuando tenemos niños los enfrentamientos ocurren con frecuencia.

Recuerdo muy bien toda la tensión que Jay y Holly —"los mejores niños del mundo"— pasaron puesto que ambos deseaban haber sido el único hijo. ¡Y hubo momentos en que, si lo hubieran seguido deseando, podría haber complacido sus deseos fácilmente!

A veces estaba convencida de que ellos se quedaban despiertos muchas noches pensando maneras de agraviarse uno al otro. Eso comenzó cerca de la pubertad —fue una época muy extenuante.

Durante un tiempo, fueron tan groseros el uno con el otro que estuve tentada de no escribir este libro. Una extenuante tarde escuché otra de sus discusiones de "sí, lo hiciste. No, no lo hice" hasta que dije: "Niño, mi editor debe escuchar esto. ¿Cómo puedo escribir sobre la crianza de niños por madres solas cuando ustedes no se llevan bien?"

Jay casi entendiendo mis intenciones, dijo: "Sencillamente escribe un capítulo titulado 'Cuando los chicos se pelean'".

Sacudí la cabeza. "¡Pero hemos pasado tantas cosas juntos! ¡Y tenemos suficientes batallas allá afuera; no tenemos necesidad que enfrentar otras *dentro* de estas paredes! ¡Tenemos que atravesar esto como amigos!"

Simultáneamente, se miraron uno al otro y rieron. Suficiente para manipular por culpa.

SE PONDRÁ MEJOR

Tener reglas ayuda un poco

Cuando sus peleas comenzaron al principio, tenía dos reglas.

Regla uno: Nada de peleas, sean físicas o verbales.

Regla dos: No tienen que agradarse el uno al otro, pero sí tienen que respetarse el uno al otro.

No siempre obedecieron esas reglas, pero el hecho de saber que ésa era la conducta que esperaba de ellos los ayudaba a mantenerse en su carril. Estoy convencida de que la gente joven termina satisfaciendo nuestras expectativas, así que trato de decir cosas que los animen tales como: "Eres un niño ingenioso. Estoy sorprendida porque dijiste algo genial".

Pero su maduración es lo que más ayuda

Por el tiempo en que llegaron a su adolescencia tardía, eran amigos nuevamente. De hecho, una tarde mientras Holly y yo hacíamos ciertos recados, ella dijo: "Sabes Mamá, Jay es realmente genial. Me gusta hablar con él".

Casi choqué el auto por voltearme tan rápido para ver quien había dicho eso.

A medida que mis hijos se hacían mayores, fueron cambiando maravillosamente más allá de sus constantes peleas. Hablaban, salían en parejas, y hasta hacían mandados juntos. Con frecuencia me paraba ante la ventana del frente, diciéndoles adiós con la mano y maravillándome ante el milagro de su amistad.

¿Cómo sucedió?

Si supiera *exactamente*, haría un tour dando la conferencia con todos los asientos vendidos.

Oh, quisiera tener crédito por esto y decir que fue por mi relación con mis adolescentes, mis demandas de respeto mutuo, o que nuestra comunicación constante nos trajo a este entendimiento reconfortante. Pero, en realidad, su madurez tuvo mucho más que ver con esto que cualquier otra cosa.

¿CUÁNDO PELEAN LOS NIÑOS?

Si tus hijos son pequeños todavía, ¿cuándo es que discuten? Siempre, por supuesto, cuando es más inconveniente y difícil para ti. Los niños se ponen a pelear súbitamente en cualquier momento, pero los que menciono a continuación parecen tener ser sus favoritos para entrenamiento del uno con el otro.

Siempre que el teléfono suena

Cada madre sabe que tan pronto como el teléfono suena y van a contestarlo, los niños se miran uno al otro y dicen: "¿En qué podemos entretenernos? Ya sé; peleemos".

Una joven madre mantiene juegos especiales cerca del teléfono, y los niños pueden jugar con estos juegos sólo cuando ella está al teléfono. Eso resuelve un gran problema.

Justo antes de la cena

Otras han descubierto que sus niños siempre pelean en la hora antes de la cena. Sheila tiene ahora como sistema que tan pronto llega a la casa de su trabajo, sus chicos pueden hacer las ensaladas de la cena y comérselas enseguida. Algunas madres tienen a la mano zanahorias y manzanas picadas.

Sí, toma tiempo asegurarse de que esas cosas están disponibles, pero —puesto que la mayoría de los niños prefiere comer a discutir— mantiene a los niños sin pelear y les permite a las mamás cambiarse su ropa del trabajo sin tener primero que servir de árbitro en otro combate imprevisto.

Cuando más cansada te encuentras

Con mis hijos, parecía que la discusión más grande comenzaba cuando yo estaba más cansada. Para no tener que gritarles, les pedía que sugirieran su propia solución para la dificultad actual.

Las sugerencias de Holly eran invariablemente las más razonables, y las de Jay eran siempre las más dramáticas. Pero, entre los dos, usualmente se las arreglaban para atravesar la crisis del momento.

Escribo más sobre este tema más adelante.

Y siempre en el auto

Mis dos chicos tienen gustos infinitamente diferentes en música, así que tan pronto terminábamos la oración de protección para el viaje y antes de salir de la entrada del garaje, ya comenzaban las discusiones sobre la emisora de radio.

Mi solución estándar no era muy creativa, pero funcionaba. "Si ustedes dos no se pueden poner de acuerdo sobre cual emisora escuchar, van a tener que escuchar la que yo quiera."

Aprendieron rápidamente que escuchar mi música era peor que escuchar la de uno de ellos, así que llegaron a un acuerdo.

¿POR QUÉ PELEAN LOS CHICOS?

Están tratando de establecer su propia identidad

He encontrado que los adolescentes se oponen a sus padres porque están tratando de alejarse de la unidad familiar para establecer su propia identidad. Eso en sí mismo es suficiente tensión, pero añade a esto un hermano o dos pasando por sus propias crisis y tienes una pelea en potencia.

Sienten que no tienen voz en todo lo que sucede

Parte de la frustración de ser un niño es no tener voz en las cosas que suceden. Este sentimiento es particularmente fuerte en un niño de quien se espera que cuide de los demás.

Patricia recuerda haber tenido que cuidar de sus tres hermanos menores y nunca sintió que pudiera opinar en nada de lo que sucedía en su vida. Con razón no podía esperar a salir de esa casa. Y tristemente ahora no se acerca a ninguno de los miembros de su familia.

Cuando su madre quiere tener a toda la familia reunida en los días feriados, Patricia trata de evadirlo, pensando: *Ya tuve bastante de eso cuando vivía con ellos.*

Cómo hacer que la guerra siga

Grita mucho

Cuando estén discutiendo nuevamente, lo más fácil de hacer es gritarles: "¡Cállense!", pero eso sólo aumenta la tensión y el volumen.

Utiliza la culpabilidad

Una cosa que no funciona con los chicos es tratar de hacerlos sentir culpables por no gustarse uno al otro. Sue recuerda a su madre diciendo: "Solo piensa si algo le sucediera a tu hermano y hermana". Ella dice que pensó mucho sobre eso.

Cuando mis hijos discuten, les recuerdo que nadie más en esta tierra comparte los mismos recuerdos que ellos dos comparten.

"Dentro de pocos años", les digo, "no habrá nadie más que sepa como obtuvimos al gato Petey; nadie más que recuerde al chico al que Jay le puso por sobrenombre 'Fredetals'; ni nadie más que compartió las mismas experiencias con nuestros familiares estrafalarios".

¿Funcionó? No. Voltearon sus ojos hacia arriba. Pero al menos yo me sentí mejor.

Establece competencias

Un principio que todo padre del mundo sabe pero que no siempre sigue es *no establecer competencias*, especialmente las que convierten a los niños en adversarios. Sabemos que tenemos suficientes problemas sin oponer a nuestros niños uno contra el otro, así que pensamos: *Yo nunca haría eso.*

Pero aún por decir algo aparentemente tan inocente como: "Vamos a ver quien es la mejor ayuda de mamá", estás creando competencia entre tus niños mientras recoges los juguetes con ellos. Sin intención alguna, has convertido a los niños en rivales, no por un premio sino por el favor y aprobación de mamá.

Haz comparaciones

Las notas de la escuela son un área de problema común, y más de un adulto todavía recuerda escuchar: "¿Por qué no puedes tener buenas notas como tu hermana?".

Confieso que con frecuencia deseaba que Jay tuviera un poco más de la organización de Holly. Pero trataba de mantenerme al margen de comparaciones. Una vez cuando Holly era muy jovencita dijo: "Apuesto que desearías que Jay fuera tan organizado como yo, ¿eh, Mamá?".

Luché con el impulso de decir "¡Sí!". En cambio, mientras alabada su buen sentido de organización, también señalé algunas de las buenas cualidades de Jay: "Holly me alegra que mantengas tu cuarto organizado. Eso me ayuda a tener un sentido de paz y armonía. Jay no mantiene su cuarto de esta manera, pero sí aprecio que pinta la cocina perfectamente y sin que yo tenga que intervenir.".

Si también tienes un niño que es todo menos organizado, anímate que hay buenas oportunidades para que él o ella *salgan* de eso.

CÓMO LOGRAR UN ALTO EL FUEGO

Hazlos partícipes de la solución

Como las mayores discusiones parecían comenzar cuando estaba más cansada, solía pedirles a los chicos sus propias sugerencias: "¿Cómo resolverías esto si tu fueras la mamá y yo fuera la hija?".

Holly siempre sugería soluciones razonables. "Pienso que los enviaría a cuartos separados hasta que decidan llevarse bien."

Jay era más dramático. "No, recuérdanos cuan difícil es criar niños sola. Recuérdanos que no te escapaste corriendo hacia Tahití o hacia Kentucky cuando Papá murió, y háblanos de aquella parienta que regaló a sus hijos cuando se volvió a casar. Y nosotros te recordaremos que su hijo menor no fue al sepelio de su madre años más tarde."

Cuando terminaba, usualmente me estaba riendo tan fuerte que la tensión se había ido de la situación.

Cuando Keri le preguntó a su hijo de 10 años cómo resolvería él la discusión, se sorprendió al escuchar: "Le preguntaría al niño que había pasado en la escuela que lo había puesto tan malhumorado".

Aparta tiempo para cada uno

Con dos niños totalmente diferentes, encontré que pasar noches de fin de semana con cada uno por separado funcionó para nosotros. Así que mientras Holly cuidaba niños, Jay y yo solíamos salir a comprar hamburguesas y conversar. Luego, mientras Jay estaba trabajando, Holly y yo nos íbamos de compras o charlábamos comiendo quiche en nuestra tienda de té favorita.

Compartí mi idea con una joven amiga quien inmediatamente me dijo que las familias eran más fuertes si hacían cosas juntas siempre. ¡También observé que ninguno de sus niños tenía todavía más de cinco años!

Pero los tiempos por separado resultaron para nosotros. Así como los niños necesitan su espacio personal —ya sea un cuarto o simplemente una caja "secreta" de colores brillantes—, necesitan tener a sus padres por unos minutos para ellos solos. De hecho, si los niños saben que tendrán un tiempo ininterrumpido más tarde, tienen menos tendencia a ser tan demandantes antes de tiempo.

Trátalos como individuos

Siendo su madre, intenté tratar a Jay y a Holly equitativamente y con igualdad. Pero no pude tratarlos igual porque ellos no son iguales.

Cuando Jay tiene un problema, quiere que lo dejemos solo hasta que lo haya trabajado mentalmente. A Holly, en cambio, le gusta discutir cada detalle de su proceso de decisión. Siendo adolescente, cuando llegaba a tomar su decisión, ambas estábamos cansadas.

Seguro, es extenuante intentar tratar a los niños como individuos, pero también lo es tratar de deshacer el daño por haber criado niños cortándolos con el mismo molde.

Y hablando de igualdad: ¿Alguna vez tus hijos han discutido sobre quien debe tener la parte más grande del último pedazo de pastel? Los míos lo hicieron cuando chicos hasta que escuché a una madre veterana decir que ella resolvía el problema haciendo que uno de los niños cortara el artículo codiciado y que el otro niño pudiera elegir primero.

Escríbelo

Así como el contrato que Holly había escrito respecto a citas me sacó de muchas situaciones difíciles, también me ayudó el otro contrato sobre la hora límite para llegar a casa, sus grados y vida social. Las palabras escritas no sólo clarifican los malentendidos, sino que también me ayudaron a recordar lo que había dicho.

Logra un armisticio con oración

Varios años atrás, no había un sólo día que no fuera frustrante teniendo que enfrentar a dos guerreros adolescentes. Tan pronto traspasaba la puerta, ambos querían decir su parte de la historia, por ejemplo, de quién era el turno de ver televisión.

Entendiendo la clase de madre que soy, solté algo parecido a: "¡Parece que ustedes se reúnen en secreto de noche para ver como pueden volverme loca!". Aún ni me había quitado el abrigo, pero nos sentamos en las escaleras alfombradas mientras escuchaba un lado de la historia y luego el otro. Entonces murmuré: "Tengo que orar por esto".

Todavía en las escalinatas, comencé con un simple: "Padre, detesto días como éste. Me identifico más con la locura de Saúl que con la sabiduría de Salomón, así que, por favor, muéstrame cómo resolver esto".

Jay y Holly no se ofrecieron para orar y yo tampoco los obligué. Necesitaban espacio y tiempo para pensar. Los envié a sus cuartos, les dije que no podían ver televisión por el resto de la noche y añadí que no los quería ver hasta la cena, 30 minutos más tarde. Entonces trabajaríamos en un programa.

En un almuerzo de madres algún tiempo más tarde, compartí sobre mi sincera oración. Después, otra madre me regañó por *no* haber hecho a mis hijos orar en alta voz en aquel momento. Declaró que ella hace esto todo el tiempo y sus hijos nunca levantan la voz en la casa.

También me dijo que si fuera una madre verdaderamente espiritual, mis hijos hubieran hecho lo correcto de inmediato.

Le pregunté qué edades tenían sus hijos.

"Seis y nueve", contestó.

Le di una palmadita en su brazo. "Eso es maravilloso", le dije.

Pero lo que quería decir era: "Volvamos a hablar de esto dentro de siete años".

Sigue trabajando por la paz

Ciertamente, no quería que mis hijos fueran pequeños robots obedientes. Quería hijos que aprendieran cómo resolver los problemas y que pudieran ver a Dios como su Padre celestial a quien siempre podían acudir, ya sea que estuvieran heridos o felices.

Quizás, sólo quizás, al verme acudir al Señor en busca de soluciones, mis chicos aprenderían que Él está dispuesto a escuchar lo que sea.

Repasemos con sensibilidad

↝ Persevera; las cosas mejorarán. Tener reglas ayuda un poco; pero la propia madurez de los hijos —que toma tiempo alcanzar— es lo que más ayuda.

↝ No te sorprendas cuando tus hijos parecen escoger el momento más inoportuno para tener sus discusiones. De hecho, puedes contar con esto.

↝ Observa cuándo es que tus hijos discuten más. Una vez que identifiques esas oportunidades, encuentra maneras creativas de desviarlos hacia otra cosa.

↝ Cuando tus hijos pelean casi nunca tienen la intención de volverte loca. Con frecuencia, están tratando de establecer su propia identidad, o quizás estén sintiendo que no pueden decir nada sobre las cosas que suceden a su alrededor.

↝ Puedes hacer que tus chicos sigan peleando haciendo cosas contraproducentes como gritarles mucho, buscar culpables, crearles competencia y hacer constantes comparaciones entre ellos.

↝ Escucha las quejas de tus hijos. Puede que veas otra faceta del problema.

↝ Hazlos participar en la solución de sus problemas. Aún sugerencias estrafalarias pueden proveer los resultados correctos.

↝ Da a cada niño un tiempo a solas contigo. Saber que pueden contar con esos minutos ininterrumpidos en que eres completamente suya añade paz al hogar.

↝ Trata a tus hijos como individuos con diferentes intereses y necesidades. No son iguales, así que no puedes tratarlos igual, aunque hayas sido equitativa y le hayas dado a cada uno igual consideración.

↝ Ora sinceramente por ellos y con ellos.

↝ A medida que tus hijos te vean volverte al Señor para buscar soluciones, ellos aprenderán a ver a Dios como su Padre celestial a quien también pueden ir, estén heridos o felices.

CAPÍTULO 11

¡Ayúdenme! ¡Cuando le amarro la corbata a mi hijo se pone azul!

Doy gracias a mi Dios cada vez que me acuerdo de ustedes.

Filipenses 1:3

Varios años atrás en un viaje de la iglesia, Jay, Holly y yo compartimos un autobús con un grupo visitante de la Ciudad de México. No nos podíamos comunicar con ellos, pero nos sonreíamos y movíamos la cabeza unos a otros, mientras nuestro guía explicaba diversas vistas históricas.

Fue un día largo, y cuando nuestro autobús se detuvo para la cena, estaba exhausta. Mientras hacíamos fila para el lavabo, descansé mis brazos sobre la cabeza de Holly, pensando en el sinfín de actividades de ese día.

Me habían engañado en la tienda de *souvenires*. Había perdido momentáneamente a Jay en dos ocasiones. Había tropezado con Holly todo el día; ella insistía en tenerme lo más cerca posible por las nuevas y, para ella, escalofriantes escenas. Básicamente, pensé que había cometido un error al venir a este viaje. Muy pronto mis pensamientos escalaron hasta la convicción de que criar hijos como madre sola era un reto insuperable. Internamente, clamé, ¡*Señor, no puedo hacer esto*!

En ese preciso momento, una de las abuelas mexicanas se detuvo frente a mí, me dio una palmadita en el hombro y dijo con fuerte acento: "Usted buena mamá".

Fue como si Dios mismo hubiera venido a decirme: "Oh, detente. Tu *puedes* hacerlo porque yo estoy contigo".

De repente, ya no estaba tan cansada.

Confíale a Dios aquellos que amas

Cuando Jay era chiquito y su hermana apenas tenía tres meses, tuve que hacer unas compras. Todo había salido bastante bien, aún con el bebé en mi brazo izquierdo, la cartera colgada de mi hombro, las compras en mi mano izquierda y Jay de 20 meses agarrado con mi derecha.

Cuando nos acercábamos a la escalera mecánica, solté a Jay justo por un segundo para recuperar el equilibrio. Rápidamente lo busqué, pero había retrocedido, inseguro de subirse a algo que se movía. La escalera me alejaba mientras él estaba allí parado mirando. Antes de que pudiera dejarme llevar por el pánico, una pareja mayor llegó detrás de Jay.

"Por favor, tómenlo de la mano", dije. La pareja asintió y trajeron consigo a mi pequeño sonriente. Ellos estuvieron ahí cuando yo no podía estar.

Es por eso que sigo confiando en el Señor mientras oro: porque Él proveerá la gente correcta o las experiencias correctas para tomar de la mano a la persona por la que estoy intercediendo. Y mientras oro, estoy recordando a la pareja de ancianos que apareció "justamente" en el momento preciso en que los necesitaba. Es de esto que me aferro cuando las dudas quieren enredarme.

Nos necesitamos los unos a los otros

Sí, esa pareja estuvo ahí cuando necesité ayuda, pero ha habido otros momentos en que fui yo la que proveyó ayuda, como mucho tiempo atrás, cuando fui en un viaje de la iglesia al Oriente Medio.

En la antigua Jerusalén, me deleitaban las tiendas como cuevas con sus pilas de especias y frutas, alfombras de camello y series completas de escenas pesebres talladas. Pero fue la gente lo que más me interesó. Chocábamos unos con otros por los angostos pasillos, mis murmullos de "lo siento" caían en oídos que no comprendían mi idioma.

Justo frente a los trozos de carne de vaca y de cordero en el mercado de carne al aire libre, vi a una joven mujer palestina. Acunaba en su brazo izquierdo a su bebé de pocos meses. Con su mano derecha, conducía a un niñito de apenas unos tres años. Aunque su largo vestido gris verdoso y el pañuelo blanco de su cabeza anunciaban una cultura diferente, pensé en mis propios días de hacer malabares con dos bebés y varios paquetes.

Precisamente entonces un gruñido colectivo aumentó mientras la gente comenzaba a moverse hacia los lados de la calle. Fue entonces cuando vi al tractor de basura avanzar hacia nosotros. Las calles estaban demasiado abarrotadas; ¿cómo podría el conductor guiar el tractor a través de esto?

Pero me seguía moviendo al costado con la multitud, musitando mi usual "lo siento". El amenazante tractor avanzó hacia nosotros, forzándonos a aplastarnos —cuatro de fondo a cada lado— contra el frente de las tiendas y unos contra otros. Lentamente, avanzaba hacia nosotros, sus ruedas descomunales pasaban a sólo milímetros de mi espalda.

De repente, alguien estaba golpeándome las piernas. El hijito de la palestina estaba luchando para abrirse camino y se encaminaba hacia ese horrible tractor con su carga de basura.

Agarré su hombro y miré más allá del tractor hacia donde había visto por última vez a la joven madre, sabiendo el pánico que debía estar sintiendo. Ella también estaba atrapada contra la pared, sosteniendo al bebé cerca de su cara para evitar que lo aplastaran. Pero mientras protegía uno, sus ojos estaban recorriendo la multitud por el otro que había sido separado de ella por los empujones.

Seguía sosteniendo el hombre de su hijito con una mano, y movía la otra hacia ella mientras que su muchachito se aferraba a mis cansadas rodillas y golpeaba mis tobillos con todo lo que podía.

"Está aquí. ¡Lo tengo aquí conmigo!", grité.

Su mirada perdida me hizo saber que no había entendido, y todos estábamos tan apretados que no podía levantar al niño para que lo viera. Todo cuanto podía hacer era señalar dramáticamente hacia mis pies y sonreír, esperando que ella entendiera que su hijo estaba a salvo.

Por fin, cuando el tractor de basura hubo pasado, pude llevar al niño hacia su ansiosa madre. Apenas reconoció su falda, se agarró de ella, sollozando aliviado. Toqué su negra cabellera y miré los ojos marrones, empañados de su madre, mientras me agradecía con la cabeza.

Quería hablarle de mis dos hijos. Pero no pudimos hacerlo; solamente nos miramos una a la otra a través de nuestros ojos llenos de lágrimas. Toqué la cabeza de su hijito una vez más y me deslicé de regreso a la multitud de compradores.

Yo había estado allí para el hijo de aquella madre en un momento de crisis. Y nosotras, como madres solas, aprendemos rápidamente que también necesitamos que otros estén ahí para nuestros hijos.

Y TODOS NECESITAMOS AYUDA

La ayuda puede venir del Señor

He notado que cuando le pido al Señor que me dé una palmadita en la espalda, lo hace con rapidez. Pero no siempre de la manera en que yo espero.

Recuerdo un sábado en Michigan en que las cosas no iban nada bien. Estaba teniendo problemas para cuadrar la chequera, y mi mecánico acababa de informarme que el balancín —sea lo que fuere— del auto tenía que ser reemplazado.

Quería salir huyendo pero opté por irnos los tres a comprar hamburguesas. Mientras entrábamos al restaurante, vi que una de mis ex alumnas —la llamaré Donna— era mesera allí.

Oh Dios, pensé sarcásticamente, *estoy cansada y desalentada, y me encuentro con una de las estudiantes más desagradables que haya tenido en 15 años de enseñar.* Todavía podía verla sentada en la fila del frente de la clase de mitología clásica de la quinta hora, con los brazos cruzados y desafiándome con sus ojos a hacer interesante la lección.

Pero no iba a desilusionar a Jay y a Holly yéndonos a otro restaurante. Decidí pretender que no la había visto. *Bueno, Señor, por favor evita que nos sienten en su sección*, oré internamente.

¿Y dónde crees que la camarera nos dirigió? Cierto, hacia la sección de Donna, por supuesto. *Cualquier lugar menos aquí*, me dije a mí misma. Pero justo cuando abría mi boca para pedir una mesa cerca de la ventana, Donna nos divisó y vino apresuradamente.

"¡Señora Aldrich! ¡Esto es genial!"

Seguro, te será más fácil envenenarme de esta manera, pensé. Pero exteriormente pude mostrar una débil sonrisa.

"¡Adivine qué!", dijo. "¡Ahora soy cristiana!"

Me quedé estupefacta, con la boca abierta.

Donna continuaba con efervescencia. "Mi hermana se convirtió en el colegio", dijo. "Y me molestaba que siempre estuviera testificándome. Luego fui a su clase y usted comparó la Biblia con lo que los griegos creían, y me volví a enojar."

"Porque con mi mente no podía entender lo que usted decía. ¡Pero el año pasado, me convertí al cristianismo! ¿No es tremendo?"

Estaba demasiado impresionada como para hablar, así que le di un abrazo.

La ayuda puede venir de la iglesia

No podemos depender siempre de nuestros familiares para que nos den el estímulo que necesitamos, especialmente si vivimos a miles de millas de distancia de ellos. Y, al mismo tiempo, muchos de nuestros amigos pueden estar sufriendo por las mismas circunstancias.

Una buena iglesia es lo única que ayudará a nuestros hijos a atravesar los tiempos difíciles. Oh, no está garantizado que su integración a la iglesia los mantendrá alejados de los problemas, pero nuestras oportunidades de sobrevivir son mucho mejores.

Cuando nos mudamos a Colorado Springs, nuestros muebles no llegarían hasta el lunes. Pero ese domingo anterior —a sólo dos días de haber llegado— estábamos en la iglesia.

Ya había hablado con varias personas acerca de las iglesias locales. Habíamos asistido a una pequeña congregación en Nueva York que nos había provisto exactamente del sentido de familia que necesitábamos. Pero con nuestra nueva mudanza queríamos una iglesia más grande que nos pudiera ofrecer una amplia variedad de actividades.

Calladamente había averiguado por los líderes de la juventud, pero una de mis amigas de California, Patricia, era más directa después de su divorcio. Fue al ministro de jóvenes de su iglesia y le dijo que él tenía una maravillosa oportunidad de hacer una diferencia en la vida de su hijo de nueve años. Le preguntó que si estaba dispuesto a aceptar el reto.

Lo estuvo, y por los siguientes años él y su hijo, Kelly solían reunirse para desayunar los sábados. Patricia había confiado en él Para que la ayudara a dirigir a su solitario hijo a través de los años difíciles de la adolescencia. Pero nada de eso hubiera sucedido si ella no se hubiera armado de valor para decirle a alguien lo que necesitaba.

La ayuda puede venir de los hijos

Los jóvenes pueden también aliviar la carga de sus madres a su propia manera. Un joven Jay me escuchó decirle a un amigo que apreciaría sus oraciones porque la fecha de lo que hubiera sido mi vigésimo aniversario se acercaba.

El padre de mis hijos me había prometido que para cuando cumpliéramos nuestras "dos décadas" me pediría que me casara con él, así que temía enfrentar sola ese momento.

Tú sabes, Don nunca me pidió que me casara con él. Años atrás, cuando todavía éramos estudiantes, simplemente me había *dicho* que nos íbamos a casar en las vacaciones al final del semestre. Y lo hicimos.

La noche de ese aniversario especial, después que Jay y Holly se fueron a la cama, trabajé en mi escritorio. Pronto Jay deambuló por mi oficina, tartamudeó otro: "Buenas noches, Mamá", y se fue. Dentro de los siguientes cinco minutos lo había hecho dos veces más.

Finalmente, dije: "Jay, ¿qué *te* pasa?".

Se balanceaba de una pierna a otra de esa manera peculiar de los adolescentes cuando se sienten avergonzados.

Por fin soltó: "Mamá ¿querrías casarte con mi papá?".

Suavemente, contesté: "Por supuesto que lo querría, Jay".

Por fin pude decir que se me había preguntado.

La hija de 14 años de Chloe, Abby, preparó una bella cena de albóndigas la noche que hubiera sido el decimoquinto aniversario de sus padres. Mientras su hermano de 12 años, Zach, sostenía la silla para su asombrada madre, Abby daba un pequeño discurso:

"Aunque tú y papá estén divorciados, Zach y yo estamos felices de que se hayan conocido. ¡Después de todo, nos tuvieron a nosotros! ¡Así que gracias!"

Cuando Zella rehusó someterse al aborto que su novio le exigía, se fue del estado sin dejar la dirección donde estaría. Dio a luz a su bebé en el hospital del condado y tuvo dos empleos durante los años de escolaridad de su hijo para sostenerlos a ambos. Cuando se graduó con honores, él levantó en alto su diploma y gritó: "¡Esto es por ti, Mami!".

Lloró de gozo durante el resto de la ceremonia.

La ayuda puede venir de vecinos y amigos

Cuando todavía vivíamos en Michigan, Jay tenía que usar una corbata para su concierto de primavera. Ninguno de nosotros tenía ni la más mínima idea de cómo amarrar una corbata, así que le pedí a un vecino que le enseñara. El vecino le enseñó, Dios lo bendiga, y Jay estaba listo para su concierto.

Escuché a una joven madre que estaba teniendo problemas para enseñar a su hijo de dos años a ir al baño solo. Su esposo estaba en el ejército, y sus familiares varones vivían a millas de distancia. No había nadie que le diera al pequeñín un ejemplo de cómo superar este jalón. Ella se lo confió a su vecino y con algún desconcierto, tartamudeó su pedido de ayuda.

Como resultado, cada noche durante un par de semanas, llevó a su hijo a la casa del vecino, para que el esposo pudiera darle al pequeñuelo una lección. ¡Funcionó!

El Dr. James Dobson tiene otra idea: tira cubitos de hielo coloreados dentro de la taza del inodoro y anima al pequeño a dispararles. Pedazos de cereal de colores también funcionan.

La ayuda puede venir de los expertos

Cuando Jay cumplió 13 años, estaba luchando por encontrar el equilibrio entre dejarlo ir a divertirse o forzarlo a que fuera, como él dice "un bobo".

La escena fue un episodio tipo "este asunto de criar niños sola es difícil". Estábamos en el lago Michigan, y Jay llegó muy entusiasmado con ese maravilloso juego nuevo que él, Eric y Andy tenían de saltar desde un bote en movimiento.

Horrorizada, le di la típica mirada "de ojos llorosos" y los argumentos de madre sobre el peligro de lo que estaba haciendo. Pero dijo que el podía "manejarlo".

En este punto, comencé con la historia de Steve, un ex alumno muy brillante, que había muerto en un accidente inesperado en su colegio. También le conté sobre uno de nuestros parientes lejanos al que lo mató el motor de su propio bote después de caer en el lago. Traje a luz cada una de las historias de horror que había escuchado.

Pero Jay continuaba insistiendo en que él y sus amigos estarían bien. Sólo me preocupaba demasiado, me dijo.

Entonces en una repentina explosión de inspiración, llamé a la guardia costera, les expliqué la situación y les pregunté si estaba reaccionando exageradamente. El oficial me aseguró que no lo estaba y dijo que la actividad de los chicos no sólo era estúpida, sino que también era una buena manera de matarse.

Le pregunté si le diría a Jay lo que acababa de decirme.

"Sí, póngalo al teléfono", respondió. "Estoy cansado de sacar cuerpos del lago."

Jay aceptó el teléfono a regañadientes y con un saludo adolescente de "*Seeee*".

Escuché la firme réplica del oficial aunque no podía entender las palabras. Inmediatamente Jay se sentó derecho.

"¡Oh, quise decir, *Sí señor*!"

Durante los siguientes minutos, Jay escuchó, y ocasionalmente asentía con la cabeza. Finalmente, se despidió con un: "Muy bien. Gracias, señor".

Nunca me dieron los detalles de la conversación, pero hasta donde pude saber, los chicos no jugaron ese juego nunca más.

Esa llamada pudo salvar vidas de jóvenes adolescentes. Algunas veces tenemos que hacer cosas difíciles por el buen futuro de nuestros jóvenes, ya sea que tengamos que llamar a un consejero o a la policía.

Es irónico —y medio loco a veces— pero nuestros hijos suelen recibir de otros el consejo que no aceptarían de sus padres. Tú sabes que eso es así: A mami es bueno tenerla cerca algunas veces, pero realmente, ¿qué sabe ella de estas cosas?

Así que cualquiera sea la necesidad y cuando sea necesario, no tengas temor de acudir a la artillería pesada.

Pero la ayuda sólo viene cuando la pedimos

Sea la que fuere nuestra necesidad, no podemos estar esperando que otros se anticipen a satisfacerla. Ellos no leen la mente como tampoco nosotros podemos hacerlo. Así que, en lugar de quejarte: "Nadie sabe cuán difícil la estoy pasando", tenemos que pedir ayuda específica a nuestra iglesia, a un amigo, o a quien sea cuando la necesitamos.

Recuerda, si no pides, la respuesta es *siempre* no.

En los comienzos de nuestra vida de madre sola, suele ser difícil encontrar el equilibrio entre dejar que nuestros amigos nos ayuden y recostarnos en ellos. Todavía recuerdo amigos bienintencionados que decían: "Llámame si necesitas algo". Yo fallé al no hacerlo.

¿Por qué?

Tenía tantas necesidades que no sabía por dónde empezar. Hubiera deseado saber verbalizar mis necesidades *entonces.*

Esto es lo que me hubiera gustado decir:

Ora por mí. Puede parecer que soy fuerte, pero la carga de ser madre sola y de mi carrera es difícil de manejar. Soy nueva en este rol; estoy luchando en un territorio desconocido y necesito toda la ayuda que pueda recibir.

Si el Señor te da instrucciones específicas, por favor escucha. Él conoce mis necesidades, ya sea que necesite ayuda con mi presupuesto para las compras o de alguien que lleve a mi hijo al banquete de Padre-Hijo de la iglesia.

Habla conmigo. Cuando me veas en la iglesia, por favor dame un saludo sincero. Si mis hijos son pequeños estoy especialmente hambrienta de conversación adulta. Con frecuencia me siento fuera de lugar en la iglesia y tu sonrisa y tu saludo los domingos por la mañana harán una gran diferencia.

Cuando preguntes cómo estoy, por favor quédate un rato esperando mi respuesta. Si demuestras interés, aunque sea por varios minutos, en lo que estoy haciendo, no me sentiré tan sola —y no te demandaré tanto tiempo.

Y por favor recuerda que aceptar a una persona divorciada no es lo mismo que aprobar el divorcio.

Bríndame una cortesía común. En un banquete, por favor no me pidas que me mueva a otra mesa porque tú y tu esposo quieren sentarse en una mesa en particular. Sí, al estar sola se crea un espacio incómodo en la mesa, pero tu petición no sólo es grosera, me dice que a los ojos de los demás, mi preferencia de asiento no cuenta. Eso me hace sentir como una ciudadana de segunda categoría y aumenta mucho más mis sentimientos de aislamiento.

Y por favor no hables de tus reuniones de parejas frente a mí. Puedo estar leyendo el cartel de anuncios, pero también te estoy escuchando.

Ofréceme ayuda práctica. Algunas iglesias tienen un bien-intencionado programa de "Adopte una familia", pero no quiero ser la responsabilidad de algún cristiano. Sólo quiero ser tratada normalmente.

Simplemente invítanos a tu casa como lo harías con cualquier otra familia. Y por favor acepta cuando invito a tu familia a mi casa.

Si mis hijos son jóvenes, sería grandioso que te ofrecieras a llevarlos a comprar mi regalo de Navidad.

Algunas iglesias tienen días de clínicas de autos donde las madres solas pueden llevar sus autos para ajuste, cambio de aceite, o acondicionamiento para el invierno. Otras iglesias mantienen un archivo de hombres con diversas habilidades de mantenimiento que están disponibles para ayudar en las casas. (Muchas iglesias sabiamente les piden a estos hombres que vayan a los hogares en equipos de dos.)

Incluye a mis hijos en tus salidas. La única familia "normal" que mis hijos verán es la tuya. Que maravilloso ministerio puedes tener sólo con dejar que ellos se unan a tus noches de campamento con tu familia o a las noches de familias de la iglesia.

Muchos jóvenes varones —y niñas— no tienen idea de lo que hacen los buenos padres porque no recuerdan a sus padres o nunca los vieron tomar decisiones sabias. Ayúdame a orar por un buen mentor cuya sabiduría le provea ese necesario ejemplo.

Habla con mis hijos. Hasta una conversación de dos minutos con mi hijo en el pasillo de la iglesia lo hará sentirse con deseos de continuar viniendo. No lo tienes que incluir en tu familia —¡aunque qué bendición sería eso! Esos pocos minutos extra cada semana los harán sentirse especiales.

Recuerdo a un hombre que le dio a Jay un juego cuando tenía 11 años. Ese fue un gran gesto, por supuesto, pero él no necesitaba un juguete. Necesitaba a un hombre que conversara con él.

Y no tengas en poco la importancia de esos pocos minutos. Cuando tenía 12 años, el curso de mi vida fue cambiado en una reunión de cinco minutos con la anciana vecina de mi sobrina, Doris Schumacher. Doris enseñó inglés y estudios sociales en Minneapolis, y por su ejemplo me mostró que la educación sería mi clave para un futuro brillante.

¡Que maravilloso campo misionero: tener tal influencia sobre un niño, al punto de cambiar su vida!

Repasemos con sensibilidad

↪ No sólo nos necesitamos los unos a los otros, sino que también todos necesitamos ayuda.

↪ Pide al Señor ayuda y estímulo, pero no lo limites.

↪ El Señor puede enviar ayuda de muchas fuentes: de otros que Él enviará a ti, y aún de tus propios hijos.

↪ Asiste a una buena iglesia. La familia de Dios también es tu familia. Aunque pases unas pocas horas cada semana con otras personas que aman al Señor, eso hará una diferencia en tu familia.

↪ Recurre a los expertos —maestros, consejeros, y hasta la policía— si necesitas ayuda.

↪ La ayuda usualmente sólo viene cuando la pedimos. Así que diles a las personas que se preocupan por ti lo que necesitas, ya sea que tengas necesidad de una oración específica, de instrucciones para hacer el nudo de una corbata, de una conversación con adultos o de ayuda práctica para tus hijos adolescentes.

CAPÍTULO 12

Contar arrugas, celebrar alegrías, anticipar la vida

*Enséñanos a contar bien nuestros días, para que
nuestro corazón adquiera sabiduría.*

Salmos 90:12

En nuestro décimo aniversario, le di a mi esposo un par de cuadros de una pareja anciana orando. Le incluí esta nota:

> Querido Don. Que el Señor nos permita envejecer juntos —y en su gracia— como esta querida pareja anciana.

Mientras la escribía, sentí algo extraño en mi espíritu, como si supiera que nunca alcanzaríamos ese estatus. Pero me sacudí la premonición, temiendo que si seguía pensando en ella lo haría realidad.

Sí, yo planeaba que llegáramos a viejos juntos, como sabía que mis abuelos lo hicieron. Pero no fue así, y tengo grandes trozos de recuerdos que no puedo compartir con nadie, como: "¿Quién era esa pareja que vivía junto a nosotros en el vecindario? ¿Los que tenían una cama chirriante?".

Pero mientras yo escuchaba los sonidos que hace un hombre que está muriendo, muchas de ustedes escuchaban el sonido que hace un *matrimonio que está muriendo*, y mi corazón está con ustedes. Quizás seas una "casada sola" que observa sus vecinos de familias tradicionales yéndose a un picnic sabatino o a un viaje para esquiar, y piensas en las circunstancias que impiden a tu familia tener ese tipo de salidas.

Debemos tener cuidado, sin embargo, de no confundir sueños con realidades. Después de todo, muchas de las personas casadas *están* envejeciendo juntas y nos envidian a nosotras las que no estamos casadas. De hecho, en mis charlas, suelo citar Isaías 54:5 (rv60): "Porque tu marido es tu Hacedor", y he perdido la cuenta del número de mujeres casadas que me han abrazado luego y susurrado: "Desearía tener *tu* esposo". Así que no malgastemos energías anhelando sueños que no se han realizado. En lugar de esto, busquemos maneras de hallar el gozo en este día.

ACEPTAR EL FUTURO

Años atrás aprendí a ver el gozo de cada día. Y lo aprendí de alguien quien a primera vista no tenía nada que ofrecer aparte de un asiento vacío en su puesto de desayuno.

Esa mañana temprano me había mirado detenidamente en el espejo mientras cepillaba el caballo hacia atrás de mi rostro. El ala de gris en mi sien derecha se había hecho más ancha de la noche a la mañana. Dejé el cepillo en el mostrador del baño. Era definitivamente un día para desayunar en nuestra cafetería favorita.

La cafetería en el centro de Mount Kisco, Nueva York, era uno de esos angostos restaurantes demasiado ocupados sirviendo comida como para molestarse por las últimas cerámicas de color o por máquinas de soda. Los cinco reservados y los doce taburetes del mostrador han sido testigos de casi 40 años de discusiones sobre los campeonatos de básquet, de quejas sobre el clima y los cambios sociales. A través de todo esto, la parrilla continúa crepitando con huevo revuelto y hamburguesas regordetas.

Los taburetes del mostrador siempre se llenaban primero, así que usualmente no teníamos problema en conseguir un reservado. Esa mañana, sin embargo, hasta los reservados estaban llenos. Los tres nos paramos a la puerta por un momento, rodeados por la combinación del olor a grasa de tocino, panecillos asados a la parrilla y café negro fuerte preguntándonos si alguien estaría ya por irse.

De repente, una mujer anciana del reservado de atrás nos hizo seña con la mano para que nos uniéramos a ella. Después de mudarnos de Michigan, aprendimos con rapidez que la gente de Nueva York acostumbra compartir su espacio, así que no era una invitación inusual.

Sonreímos con gratitud a la mujer y caminamos hacia ella. Holly se deslizó en el asiento al lado de ella, mientras que Jay y yo nos sentamos frente a ellas. Agradecí a la mujer su gentileza, luego me presenté a mí misma y a mis dos adolescentes.

Sonrió y asintió con la cabeza, pero sólo señaló su oído y sacudió la cabeza. *Oh, Dios es sorda*, me dije a mí misma.

Los tres nos sentamos en un silencio incómodo, mientras nuestra anfitriona continuó con su desayuno. Sus manos rojas y artríticas cortaron el emparedado de huevo mientras observaba mis propias manos, temiendo —sabiendo— que algún día se verían como las suyas.

¿No era suficiente con que hubiera encontrado un nuevo mechón gris esa misma mañana? ¿Necesitaba también este segundo recordatorio sobre mi mortalidad?

Mientras miraba a Jay y a Holly y les destellaba mí acostumbrada sonrisa de "está bien", sus manos se siguieron moviendo en mi visión lateral. Forcé mis pensamientos hacia otro detalle de su persona. El cuello de su vestido azul marino floreado sobresalía de su suéter marrón apretadamente abotonado. Los cristales oscuros se asentaban sobre el final de su nariz.

Su cabello era plateado y cubierto por una gorra de invierno color azul brillante. ¿De qué color era su cabello? ¿Anodinamente moreno como el mío? ¿O castaño con rayitos rojos que tiran pedacitos de luz de sol hacia su pretendiente lleno de admiración?

¿Alguna vez sus manos hinchadas han sostenido suavemente un bebé que desde entonces ha crecido y se ha ido en busca de lugares exóticos, recordándola ahora sólo en Navidad y el día de las Madres si lo hace? ¿Esas mismas manos pasaron tiernamente una esponja húmeda por la frente febril de un marido enfermo que, a pesar de sus cuidados, murió, dejándola envejecer sola?

Puso su cuchillo y tenedor cruzados sobre el plato, bebió lo que quedaba del café aguado de la jarra y luego se inclinó hacia Holly. "¿Por qué vas a la cama por las noches?", le preguntó.

Como habíamos pensado que podía ser muda así como sorda, su pregunta momentáneamente nos asustó. Por fin, Holly se encogió de hombros y contestó: "¿Porque estoy cansada?".

La mujer se inclinó hacia delante, y un repentino brillo apareció en sus ojos. "¡Porque la cama no vendrá a ti!"

Los tres reímos en forma apreciativa, así que ella golpeó la superficie de la mesa frente a Jay. "Si pongo aquí una moneda de veinticinco centavos y otra de cinco centavos, y la moneda de cinco centavos se va rodando, ¿porque la de veinticinco no se va rodando también?"

Jay y yo nos miramos perplejos. La mujer sonrió mientras daba la respuesta con un deleite obvio. "¡Porque la de veinticinco es más juiciosa!"

Su inesperado juego de palabras fue tan cómico que todos nos reímos. Esperé otra adivinanza, pero se ocupó en juntar su periódico y su cartera. Holly se puso de pie para dejarla salir del reservado.

Me sonrió, le dio una palmadita en el hombro a Holly, agarró la mano de Jay en despedida y se fue, la cabeza levantada y espalda y hombros erguidos —momentáneamente, al menos— contra el día.

De repente, la mesa parecía vacía. Mi inmediato sentido de perdida fue tan evidente que Holly preguntó: "¿Qué te pasa, mamá?".

La observé por un momento. Realmente no pasaba nada, pero ciertamente algo se había ido. Sí, eso era: su alegría. Esa querida y anciana mujer nos había dado un momento de inesperada alegría, un instante de descubrimiento de algo muy bello, y quería saborearlo, al menos por rato más.

En esos pocos momentos que pasamos con ella, no había visto autoconmiseración, ni lamentos por lo que había perdido, no me advirtió que disfrutara "los mejores día de mi vida" con mis hijos. Ella meramente nos había invitado a compartir su alegría privada, y al hacerlo, nos había mostrado una manera más noble de enfrentar los retos.

Sonreí ante el recuerdo de sus ojos brillantes. Y el recuerdo me ayudó a aceptar mi nuevo mechón de cabello gris simplemente como otro bien ganado jalón. *Cuando tenga su edad,* me dije a mí misma, *espero yo también enseñar a otros a captar la alegría de ese día.*

Y por ahora, me regocijo en lo que tengo en lugar de lamentarme por lo que he perdido. Y no está mal aprender esa lección tempranamente en nuestra vida.

DEJAR IR

Si hemos hecho correctamente nuestro trabajo, nuestros hijos no van a querer estar con nosotros para siempre. Oh, quizás ellos disfrutarán de venir a casa los días festivos, pero en la mayoría de los casos, se irán por su propio camino. Y es de esperar que ése sea el resultado final de nuestra crianza: hacerlos tan fuertes que puedan cuidar de sí mismos.

Entonces, ¿qué hacemos cuando se han ido ellos, que concentraron nuestros desvelos durante tanto tiempo? Tenemos que comenzar a pensar en ese capítulo de nuestra vida mucho antes de que suceda.

Siempre he disfrutado de dar cortos paseos. Cuando Jay y Holly eran pequeños, iban dondequiera que los llevaba. Al comienzo de su adolescencia seguían yendo quejándose un montón. A mediados de su adolescencia, sólo podía hacerlos ir si dejaba que llevaran consigo a uno de sus amigos.

Pronto llegamos a un punto en el cual ellos estaban usualmente envueltos en actividades de la iglesia o en eventos deportivos, así que si quería ir a un concierto en particular o a un programa especial, iba con *mis* amigas. Estaba cómoda con eso porque habíamos llegado a esa nueva etapa dando pequeños pasos.

No quería ser tan dependiente de mis hijos para poder funcionar adecuadamente una vez que abandonaran el nido. Tampoco quería quejarme: "¿Por qué no me llamas más a menudo?".

Aún entonces, sabía que no me llamarían tanto como hubiera deseado. Pero mi meta para mis dos adolescentes era que llegaran a madurar, que fueran adultos responsables, lo cual me permitiría saber que había hecho bien mi trabajo. Y, sí, desde muy temprano estaba envolviendo en oración sus pequeños navíos mientras navegaban sin mí.

Cortando el cordón del delantal

Cuando Jay se graduó de la escuela secundaria, él, Holly y yo celebramos en nuestro restaurante favorito.

Mi regalo fue una caja angosta que contenía dos tiras de un material azul floreado. Cuando Jay quitó la envoltura de papel, se quedó observando largo rato el diseño floreado tan vagamente familiar. Finalmente, dije: "Ése es el más importante de todos mis regalos, querido. Esos son los dos cordones de mi delantal para simbolizar que ya no estas atado a ellos".

Jay sonrió, y Holly exclamó inmediatamente: "¡Grandioso! El año próximo, ¿yo también voy a tener cordones de delantal?".

Gemí. Los años estaban pasando demasiado rápido. Pero ciertamente, sólo un par de días más tarde (así parecía) estábamos otra vez en nuestro restaurante favorito. En esta ocasión, era Holly quien abría los regalos por *su* graduación de escuela secundaria. Cuando llegó a la cajita angosta, sonrió y rápidamente arrancó el papel. Dentro, ciertamente, estaban los cordones de mi segundo delantal.

Pegada estaba esta nota:

Querida Holly:

Como Jay puede contarte, frecuentemente
trataré de volver a tomar este regalo. Pero
aquí están los cordones de mi delantal para

decirte que realmente estoy tratando de
dejarte ir. Sigue adelante con Dios.

Con mucho amor,
Mamá

Ambas noches fueron hitos en nuestra batalla para tratar de encontrar nuevas maneras de relacionarnos, ya no más como madre a hijos, sino como de adulto a adulto. En el proceso de construir nuevas relaciones con mis hijos, he descubierto nuevas maneras de relación que son regalos para ser atesorados.

Y, en caso de que te estés preguntando, los delantales no son tan anticuados como alguna gente piensa. Aunque no cocino como solía hacerlo, esos delantales cubrían mi ropa de trabajo cuando llegaba tarde y tenía que preparar una cena de fideos. También los sacaba cuando teníamos que hacer proyectos para la escuela con sal y bicarbonato de sodio. Para nosotros, los cordones cortados de mi delantal simbolizaron mi disposición a dejarlos ir. ¿Qué resultará mejor para ti cuando te llegue ese momento? Y créeme, ese tiempo llegará.

Desde la presentación de esos regalos, he pensado algunas veces acerca de los cordones del delantal que nuestro Padre celestial nos ha dado a nosotros. Él nos protege, sí, pero también nos da libertad. Libertad para escoger nuestra rutina diaria, libertad para invitarlo a participar (o no) de nuestras decisiones, incluso libertad para rechazar sus amorosos lineamientos. A veces, deseo que Él nunca hubiera cortado mis cordones, ya que no siempre he escogido correctamente. Pero el hecho de que Él nos dé a escoger debe ser muy alentador también, porque esto dice que no nos dejó sin poder. Podemos escoger lo correcto, incluyendo invitarlo a los diarios desafíos de nuestra vida de padre solo o madre sola. Y esto es un gran regalo, ciertamente.

Planear de antemano
En mi preparación para dejarlos ir, comencé tempranamente a ajustar un programa que incluyera cosas que me gusta hacer. Realmente hice una lista de los museos locales y atracciones

turísticas que Jay y Holly no habían tenido interés en ver. Pero también sabía que tales actividades turísticas envejecen rápido, así que medité en maneras de expandir mis conferencias y escritos. (A las mujeres de Kentucky hay que tenerlas ocupadas para mantenerlas fuera de problemas.) Además, no quería volver locos a mis hijos adultos: ¡después de todo, me había concentrado en ellos demasiados años! Había visto en las vidas de mis amigas el daño que las madres posesivas pueden hacer, así que pensé en maneras de mantener a Jay y a Holly como mis amigos después que dejaran de estar bajo mi responsabilidad.

Pero la mayoría de las madres solas no han llegado todavía a este lugar. Siguen tratando de encontrar un guante perdido o llevando los niños a la niñera. O están compatibilizando programas para sus preadolescentes, preocupándose por actividades no supervisadas y tratando de planificar tiempo de calidad con ellos. Si eres una de esas madres, "¡Querida, espera un poco! Las cosas mejorarán".

Lo que estás pasando ahora es absolutamente extenuante, pero tu turno *está* cerca. Vas a poder volver a respirar a un ritmo natural.

Pero aún mientras escribo este último párrafo pensé en el viejo dicho: "Cuando la madre piensa que su trabajo ha terminado, se convierte en abuela".

Así que estamos en esto de ser madres por un largo trayecto, pero tenemos el reto y el gozo de ver cómo nuestra amorosa influencia hace una diferencia en otra vida. Eso es una cosa realmente emocionante.

Tener fortaleza para otros

Hace unas semanas, vi la película clásica "*The Grapes of Wrath*" (Las uvas de la ira). Quizás porque fue producida durante la Gran Depresión, cuando la gente estaba desesperada buscando alguna esperanza, terminó en una nota más alegre que la del libro. Fui impactada por la increíble fortaleza de la madre mientras mantenía a su familia unida. Especialmente me gustó su negativa a rendirse. Cuando el cielo se está cayendo, alguien tiene que pararse con los brazos hacia arriba diciendo: "Aquí, párate a mi lado. Todo va a estar bien".

Ése es el tipo de mujer que quiero ser.

Una cosa que puede impedirnos tener ese tipo de fortaleza, sin embargo, es nuestra tendencia a escuchar las voces incorrectas.

Siempre que me topo con alguien que predice fracaso para mi último emprendimiento, trato de recordar la historia que Kim me contó acerca de su hijo, Trey, el cual jugaba como lanzador en el campeonato de ligas infantiles de béisbol. El oponente estaba corriendo en tercera base y el ganador corría en segunda base. En el montículo del lanzador, Trey se inclinó hacia el plato, tratando de concentrarse en las señales del receptor para el último lanzamiento del juego.

De repente, los fanáticos del equipo oponente comenzaron a gritar, llamándolo: "¡Perdedor! ¡Nunca llegarás al plato!".

Kim apretó sus manos juntas y susurró: "Vamos, Trey. No escuches las voces. Recuerda lo que hablamos esta mañana".

Cuando venían para el estadio, Kim había sentido la ansiedad en el chico y le había preguntado que le sucedía.

"Detesto cuando los fanáticos del otro equipo me gritan", contestó.

"¿Vienen al campo de juego y te gritan en tu cara?", le preguntó, fingiendo ignorancia.

"Bueno, no", aceptó. "Pero me hacen sentir mal, y no me puedo concentrar."

"No escuches las voces", le dijo su mamá. "Mira a tu receptor. Piensa en el próximo lanzamiento. Sus voces no pueden quitarte tu capacidad. Pero *pueden* hacer que tú mismo te frenes."

Ahora, sobre el montículo, Trey observó al bateador, hizo su movimiento y lanzó el strike tres para ganar el juego.

Sí, las madres solas podemos tener gente que nos diga que somos unas perdedoras. Pero solamente tienen poder si los escuchamos. De hecho, las voces pueden venir a nosotras desde el pasado: un padre borracho, una cruel compañera de clases, una maestra sin escrúpulos, o un compañero de trabajo inestable.

Conozco esas voces del pasado: aparecen en grabaciones mentales que tiendo a repetir una y otra vez. Pero al final he aprendido a reemplazar todas esas viejas cintas por unas nuevas que fortalecen:

Dios no me ha traído hasta aquí para dejarme sola.

Yo puedo *hacer esto.*

Esto también pasará.

Y mi favorita para el ánimo: ¡*Mantente aferrada del Señor y no dejes que esos "pavos" ganen*!

¿Qué nuevos mensajes puedes inventar para reemplazar los viejos que has estado escuchando?

Luchar por mis arrugas

Cuando hoy me miré al espejo, vi a la mujer de Tito 2:3-4, una que tiene el privilegio de animar —y enseñar— a las mujeres más jóvenes.

¿Qué si extraño la piel suave y firme de mi juventud? Por supuesto. Pero, ¿me da pena haberla perdido? No, cada línea representa otro jalón en mi camino para llegar a ser la mujer que Dios quiere que sea.

Recientemente, me tomé mi fotografía anual para relaciones públicas en un estudio local. Puesto que la impresión era sólo de mi cabeza y hombros, esperaba que llegaran en un día o dos. Pero cuando llamé, la fotógrafa dijo que no las tendría hasta después de una semana; las había enviado al departamento de terminación para que eliminaran las líneas de alrededor de mis ojos.

"No quiero que eliminen esas líneas", dije. "He trabajado muy duro por ellas."

"Pero", señaló innecesariamente, "le hacen lucir de mediana edad".

"*Soy* de mediana edad", declaré. "No te metas con mis arrugas."

Me negué a rendirme, y las fotos estuvieron listas para recogerlas esa tarde. Y, claramente, las arrugas de los años transcurridos estaban todas ahí, sin retocar ni reducidas por artificios cosméticos.

Sí, cada característica, cada contorno, cada línea de experiencia estaba intacta; cada una era un alegre testimonio de los años que el Señor y yo habíamos caminado juntos en comunión; cada una, un precioso recuerdo de las lágrimas y del gozo de la vida; cada una es un poderoso testimonio del amor y la devoción invertidos en mis maravillosos chiquillos, Jay y Holly.

Y estas mismas líneas son también precursores de promesa: hay excitantes aventuras y satisfactorias experiencias aguardándome en los años por venir. Y siempre —confío— esas experiencias seguirán transformándome en la mujer que Dios quiere que sea.

Repasemos con sensibilidad

→ No malgastes energía envidiando a esas parejas que están envejeciendo juntas. Muchas de las casadas nos envidian a las solas.

→ Acepta el futuro buscando las promesas de gozo para cada nuevo día.

→ Regocíjate en lo que tienes en lugar de lamentarte por lo que has perdido.

→ Prepárate para dejarlos ir cuando llegue el momento. Por supuesto, es difícil soltar a nuestros hijos. Pero si hemos hecho correctamente nuestro trabajo, nuestros hijos serán lo suficientemente fuertes para salir adelante sin nosotras.

→ Planifica por adelantado el día en que tus hijos saldrán de tu nido, y tendrás tiempo para aquellas cosas que querías hacer.

→ Recuérdate a ti misma que tu febril calendario de *ahora* hará que los años venideros sean más fáciles. Así que por el momento, ¡mantente firme¡

→ Fuiste fuerte cuando tus hijos necesitaban de tu fuerza. Después que se fueron y andan por su cuenta, sigue habiendo ahí otros que necesitan que seas fuerte por ellos.

→ Acepta el honor de ser la mujer de que habla Tito 2:3-4: alguien que tiene el privilegio de enseñar y animar a las mujeres jóvenes.

→ Lleva tus arrugas con orgullo. Son tu insignia de honor por todos los años que has invertido en tu familia.

Capítulo 13

Nuevas aventuras esperan que nos las apropiemos ¡Estemos listas para ellas!

Porque yo sé muy bien los planes que tengo para ustedes —afirma el Señor—, planes de bienestar y no de calamidad, a fin de darles un futuro y una esperanza.

Jeremías 29:11

Todas hemos oído el dicho: "¡Cuando la vida te dé limones, haz limonada!" Una de mis historias favoritas ilustra este pensamiento bastante bien.

El nuevo ministro de una iglesia siempre dejaba instrucciones escritas a su personal. Un encargado de limpieza que no podía leer o escribir fue despedido cuando no pudo responder a los mensajes escritos.

Pero en lugar de desalentarse, el hombre comenzó su propio negocio de limpieza y a la larga se hizo muy rico.

Un día, su banquero quedó asombrado cuando descubrió que su cliente era analfabeto. "¡Sólo imagina lo que serías si pudieras leer y escribir!", exclamó.

El hombre sonrió: "Sería el conserje de la iglesia de la esquina."[1]

SÉ CONSCIENTE DE LO QUE REALMENTE QUIERES

Cuando enfrentas una decisión importante, recuerda el proceso bíblico de los tres pasos: ora, lee la Palabra y busca consejo piadoso. Pero ¿y si has hecho todo eso y sigues sin tener una respuesta clara?

Cuando eso me sucede a mí, sé que probablemente estoy peleando con el temor. En esos momentos, me pregunto a mí misma: *Dentro de un año, ¿qué desearía haber hecho?*

Me he preguntado eso a mí misma dos veces: cuando nos mudamos de Michigan a Nueva York, y nuevamente cuando nos mudamos a Colorado. Y en ambas ocasiones, he sentido satisfacción porque respiré hondo y no dejé escapar la oportunidad.

MANTÉN UNA ACTITUD POSITIVA

Recuerda, en esta vida, nunca obtenemos todo lo que queremos. Para todos nosotros, la vida está llena de intercambios; por todo lo que perdemos, ganamos otra cosa. Y por todo lo que ganamos, perdemos.

Por eso es tan importante que sepamos lo que realmente queremos. Y en muchas ocasiones, nuestra actitud decide el resultado final.

RECHAZA EL TEMOR

Recuerdo cuando estábamos considerando nuestra mudanza a Colorado. Estaba convencida de que el Señor me estaba ofreciendo una oportunidad increíble, y Jay quería salir de Nueva York. Había sólo una cosa que nos aguantaba: los temores de Holly. ¿Cómo podía convencerla de que *podría* sobrevivir?

Por supuesto, oraba constantemente. Entonces una noche, mientras Jay y Holly asistían a una actividad de jóvenes, Doug y Lou, amigos de la iglesia, me invitaron a cenar a su casa.

Hablamos sobre la crianza de los niños, nuestros trabajos, y sobre su trabajo con los discapacitados. Una historia que contó me ofreció el estímulo que necesitaba.

Como parte de su entrenamiento, Doug había trabajado en un hospital. Un hombre había estado allí por varias semanas recuperándose de un accidente, pero todavía tenía problemas para caminar.

Los doctores insistían en que este paciente no tenía ninguna razón física para que siguiera caminando con los pasitos cuidadosos que insistía en dar; por el contrario no escuchaba las declaraciones del médico indicándole que podía caminar normalmente. Entonces le asignaron a Doug.

La primera tarde que pasó con este hombre, Doug lo observó dar pasos lleno de mucho temor y le preguntó porqué caminaba así.

"Tengo temor de caerme", contestó el hombre.

Yo le hubiera dicho al hombre: "No te vas a caer", pero Doug simplemente le hizo otra pregunta: "¿Alguna vez te caíste cuando eras niño?".

"Seguro, muchas veces", dijo el hombre.

"¿Dónde?"

"Sobre el césped."

Doug asintió con la cabeza y preguntó. "¿Y cuando ya eras mayor? ¿Alguna vez te caíste entonces?"

El hombre sonrió. "Seguro. Jugaba béisbol. Siempre me estaba cayendo, tirándome tras de la bola o por una base."

Doug asintió nuevamente. "Muy bien, vamos a dar una caminata, y yo lo haré tropezar. Se va a caer. Entonces verá que todo va a estar bien."

El hombre no estaba seguro de que podría hacerlo, pero Doug lo llevó fuera hacia el césped del hospital. Mientras iban caminando y hablando acerca de su equipo deportivo favorito, de pronto Doug lo hizo tropezar —como le había prometido que lo haría— y el hombre quedó tendido en el césped.

Por un momento, se quedó allí quieto, como si se estuviera chequeando mentalmente por si tenía algún hueso roto. Todo estaba bien. Se levantó y le sonrió a Doug. Entonces rebotó hacia arriba y hacia abajo y dio un salto. Iba a estar muy bien.

Esa noche cuando recogí a los chicos del grupo de jóvenes, puse mi brazo sobre Holly y le conté la historia.

Entonces le di un apretón extra. "Así, querida, que te voy a hacer tropezar", dije. "Pero vas a ver que Dios nos está dirigiendo, y que todo va a estar bien."

Me dio uno de sus exasperantes uffs, pero ella sabía que no había retorno. Sí, ella "tocó el suelo" con sus dedos cuando trató de mantenerse atada a lo que le era familiar mientras manejábamos hacia el oeste. Pero no le tomó mucho acostumbrarse, hacer nuevos amigos y decidir que realmente le gustaba Colorado.

¡Que alivio!

SÉ AUDAZ

Muchos de los Salmos de la Biblia que buscamos para levantarnos el ánimo fueron escritos durante tiempos de dificultad, y la mayoría de las epístolas, con sus mensajes de gozo y amor, fueron enviadas desde prisión. ¿Qué te parece su santa valentía?

Mi compinche de enseñanza, Carl, mantenía esta cita en su pizarra: "Lo que sucede no es tan importante como la manera en que reaccionas a ello".

Sí, nuestra actitud hará la diferencia cuando estamos abiertos a las cosas buenas que Dios quiere darnos. Pero con frecuencia obtenemos precisamente lo que esperamos de la vida.

Años atrás, invité a una tía que gozaba de perfecta salud a cenar con nosotros el jueves siguiente.

Su respuesta fue sencillamente: "Oh, no puedo planificar nada. Podría estar enferma".

Se perdió varias oportunidades de diversión porque tenía miedo de correr el riesgo.

TEN VALOR

Tiempo atrás, escuché a un ministro decir: "El valor es el temor que ya ha dicho sus oraciones". Me gusta eso. Cuando tenemos miedo, exageramos nuestros temores y decimos "nunca lo lograré".

¿Recuerdas la historia de Números 13, cuando los espías volvieron de inspeccionar la tierra prometida?

Los guerreros como Caleb, dijeron: "¡*Podemos* hacerlo!" (ver Números 13:30).

Pero los otros mintieron, a ambos —a sí mismos y al pueblo— diciendo que no había manera posible de hacerlo. "Comparados con ellos, parecíamos langostas, y así nos veían ellos a nosotros" (v. 33).

Esa es la manera en que nos sentimos cuando realmente encontramos oposición. Recuerda que el pecado *no* está en sentir miedo, sino en lo que hacemos con ese temor.

ASUME RIESGOS

Todavía recuerdo la pregunta que mi profesor de literatura de cuarto año de escuela secundaria nos planteó: "¿Quien es más valiente? ¿La persona que corre a salvar a otra sin pensarlo o la que tiene tiempo para considerarlo y se lanza al rescate?".

Aún después de todos estos años, mi respuesta es la misma: "Aquella que sabe lo que está arriesgando".

En un momento u otro, como los espías de Números 13, todos tenemos un río Jordán en nuestras vidas, y tenemos temor de cruzar al otro lado. Y, como le tememos al riesgo, no lo cruzamos, no estamos dispuestos a aceptar lo que el Señor nos ofrece. Cuando eso sucede terminamos viviendo vidas pequeñas y sin sentido. Pero realmente no enfrentamos riesgos cuando nos limitamos a obedecer y vamos hacia donde el Señor nos dirige.

¡Qué de cosas maravillosas experimentaríamos si reclamáramos las promesas de Dios y comenzáramos a vivir la vida audazmente!

MANTÉN UN CORAZÓN ALEGRE

Cuando vivíamos en Nueva York, nos aventuramos a ver el desfile del Día de Acción de Gracias de Macy con unos amigos y con otros incontables miles de personas más. Fue un día increíble viendo las vitrinas que han sido parte de nuestra tradición de días festivos, pero que sólo habíamos visto por la televisión. Sin embargo, la mejor parte del día para mí fue conocer a un operador de elevadores del subterráneo.

Cada día, durante largas horas, estaba atrapado dentro de esta caja bajo las calles de la ciudad de Nueva York y respirando aire lleno de suciedad y humo. No lo culparía si fuera gruñón y quejoso por estar atrapado en ese subterráneo. Pero nos saludó con alegría y nos preguntó de donde veníamos.

Cuando nos llevó hasta el piso que habíamos pedido, nos deseó lo mejor, nos pidió que regresáramos y añadió un alegre, "los quiero".

Más tarde mientras esperábamos por el tren subterráneo en la planta baja, podíamos oírlo cantar mientras se paseaba frente al elevador, esperando su próximo grupo de pasajeros. En lugar de convertirse en un amargado o desalentado por su porción de la vida, escogió mejor traer refrigerio y gozo a los que compartían su día, aunque fuera por esos pocos minutos.

Así que en lugar de preocuparnos por nuestra suerte en la vida, convirtámonos en el cantante del subterráneo y demos a otros una razón para sonreír ante nuestro gozo espiritual.

No pierdas tiempo con remordimientos

Los remordimientos también pueden impedirnos aceptar un futuro nuevo y brillante. Años atrás, le dije a Morrie, una amiga alemana, mi preocupación por haber vendido algunos muebles a un precio muy bajo.

Su rápido consejo me ha sostenido desde entonces más allá de una mera venta de muebles: "Haz tomado tu decisión. Ahora vive con ella".

Así que aún mientras oramos, tenemos que hacer un esfuerzo consciente de dejar de decir *"si no me"*: "Si no me hubiera mudado..." o "si no hubiera tomado ese trabajo...".

Un par de veranos atrás, una amiga estaba de vuelta en su ciudad natal visitando a sus familiares. Mientras sus hijos disfrutaban de una salida especial con los primos, manejó hacia la casa donde vivió antes de su divorcio. Casi sintió el deseo de entrar el auto por la entrada del garaje y tocar la bocina para que su esposo viniera a ayudarla con las compras del mercado.

Pero, por supuesto, eso era imposible, y se alejó con lágrimas en los ojos. *¿Por qué no tuve el buen sentido de disfrutar aquellos años en lugar de estar buscando siempre la perfección?*, se preguntaba.

El alivio llegó sólo cuando oró, pidiéndole al Señor perdón por no haber apreciado sus muchas bendiciones. Y luego le pidió que la ayudara a ver el gozo y la belleza de cada nuevo día. En ese momento, dejó ir el pasado y estuvo dispuesta a seguir hacia delante.

MANTENTE AGRADECIDA

En 1981, Chet Bitterman, hijo, un misionero Wycliffe en Bogotá, Colombia, fue raptado. Por un largo tiempo su padre se preguntaba furiosamente en su hogar de Pensilvana, cómo podría rescatar a su hijo, cuando súbitamente escuchó dentro de su espíritu: "Da gracias".

Dar gracias era la última cosa que el señor Chet quería hacer. Ya había meditado seriamente en ir con un grupo de amigos armados, volando hacia la ciudad de Sudamérica y destruirla, ladrillo a ladrillo.

El acto de dar gracias

Pero mientras peleaba con el testimonio del Espíritu en su corazón, comprendió que el mandato era *dar* gracias, y no *sentir* agradecimiento. Mientras se preguntaba por qué podía estar agradecido, recordó que su hijo había memorizado cientos de versos de la Escritura.

Seguramente esos versos le están dando estímulo a él ahora mismo, pensó. E inmediatamente dio gracias por la tranquilidad y el valor que la Palabra de Dios le estaba impartiendo a Chet, su hijo, en ese mismo momento.

El beneficio de dar gracias

Luego de una reflexión adicional, el señor Chet, añadió más agradecimiento por la fuerza física de su hijo y su estabilidad emocional. La lista creció. Cuando el cuerpo del joven Chet fue encontrado en un camión abandonado 48 días más tarde, el espíritu de agradecimiento ya había ayudado al padre a abrir su corazón al consuelo que el Señor quería darle.

Recordar esa historia me ha ayudado con frecuencia en mi vida de madre sola. Decidí que si el señor Chet pudo encontrar algo por lo cual dar gracias en medio de su gran dolor emocional, seguramente yo podría encontrarlo también. Increíblemente, he hecho eso muchas, muchas veces.

La actitud de dar gracias

Una actitud de agradecimiento nos permite vivir con gozo y reintegrarnos a la vida cuando sentimos momentáneamente enajenados de ella. Más que eso, tener un espíritu agradecido nos ayuda a sonreír y amar en un genuino abandono. Porque sin agradecimiento, nos marchitamos por dentro y estamos en peligro de volvernos amargados, criaturas tristes, un obstáculos para nuestras propias vidas y para las vidas de los que nos rodean.

Así que regocíjate y da gracias. Si no has encontrado hoy algo por lo cual dar gracias, no has buscando profundamente. Si necesitas ayuda en esa área, considera estas tres sugerencias simples de la escritora/editora Elizabeth Sherrill que son garantías de hacer de cada día un día de acción gracias.

1. Cada día, sorprende a alguien con un "gracias".
2. Cada día, agradece a Dios por algo que hasta ahora nunca le habías agradecido.
3. Cada día agradece a Dios por algo por lo cual no estás feliz ahora.[2]

¡Practícalas, sí, aunque no sientas dar gracias! El acto continuo en sí mismo hará crecer el espíritu de agradecimiento y de acción de gracias en tu corazón.

Así que prueba. Te gustará. Lo sé.

MANTENTE ABIERTA A LAS BENDICIONES DEL SEÑOR

Mantener mi vida abierta a las bendiciones del Señor es una lección que necesitaba especialmente como madre sola, pero la tuve que aprender de la manera dura.

La oportunidad

Conocí a Marta Gabre-Tsadick, la primera mujer senadora de Etiopía, en los terrenos de la conferencia en Michigan. Ya su postura anunciaba autoridad y gracia. Majestuosa y bella, era algo que yo no era.

Mi pastor, que estaba en la misma conferencia esa semana, conocía el renombre de Marta y la invitó a que contara en nuestra iglesia sobre la toma del poder marxista de su amada Etiopía, la nación cristiana más antigua del mundo.

Impulsivamente, le pedí a Marta que se quedara con mi familia el fin de semana que estaría hablando en nuestra iglesia. Aceptó y di por sentado que el asunto estaba terminado.

La duda de uno mismo

Varias semanas más tarde, sin embargo, una amiga que había visitado el hogar de Marta comentó que Marta le había servido un vaso de agua en una bandeja. Exteriormente, asentí con la cabeza por lo mucho que esto sonó como un reflejo de la amable Marta. Pero por dentro, me sobrecogí.

¿Servir un vaso de agua en una bandeja? No podía recordar si tenía una bandeja, y mucho menos si sabía servir algo con ella. En nuestra casa, si alguien viene a nuestra cocina y pide un vaso de agua, sigo haciendo lo que esté haciendo y señalando con mi mano hacia los gabinetes digo: "Seguro. Los vasos están allá arriba. El agua está en el refrigerador. Sírvete".

Así que, ¿en qué estaba pensando cuando decidí invitar a alguien como *Marta* a mi hogar?

Mientras los días pasaban, me puse más tensa. Consideré comprar una bandeja y practicar con ella. Sin embargo, el pensamiento de tropezar y echarle el agua en su falda cambió mi forma de pensar.

Mi sufrimiento autoimpuesto continuó. Pensé incluso en llamar a Marta y decirle que una emergencia familiar me forzaba a cancelar mi oferta y que habíamos previsto un cuarto de motel en su lugar. No, lo dicho no sería una mentira: mi tormenta interna había ya resultado en varias noches sin dormir. ¡Y, créeme, cuando no duermo, eso es una emergencia *familiar*!

La petición

Finalmente, hice lo que debí haber hecho cuando el trauma comenzó: oré. Mientras derramaba mis inseguridades ante el Señor, sabía que Dios ya conocía los detalles, pero necesitaba escucharme a mí misma decir lo que ya Él sabía.

Describí el contraste entre mi pasado y el de Marta e hice una lista de todas las razones por qué no podía tener a una mujer tan digna en mi hogar. Luego tuve el buen sentido de callarme y escuchar.

El alivio

En el siguiente momento, fue como si el Señor estuviera diciendo: "Marta está haciendo un buen trabajo siendo Marta. Ahora tú tienes que hacerlo igualmente bien siendo quien tú eres".

El cuarto no se llenó súbitamente de luz dorada, y ninguna trompeta sonó trayendo el mensaje. Pero una calma profunda se asentó sobre mí y la libertad llegó. Hemos tenido invitados antes; simplemente saqué mis mejores recetas de compañía e invité a mi pastor y su esposa para que me ayudaran a mantener una conversación.

El compañerismo

Cuando el fin de semana señalado llegó, Marta, su esposo, Deme, y sus dos hijos probaron ser unos invitados tan deleitosos que me encontré más concentrada en las historias excitantes de su escape milagroso de Etiopía que en mí misma.

Más tarde, Marta se ofreció a ayudarme con los platos, pero insistí en que me los dejara a mí. Le insistí en que descansara antes de su charla para esa noche.

Bajo protesta, dejó la cocina mientras yo limpiaba el mostrador. Pero a los pocos minutos había regresado. "¿Me puedes dar, por favor, un vaso de agua?", preguntó con su voz de suave acento.

Sin pensarlo, contesté: "Por supuesto. Los vasos están en el gabinete y el agua en el refrigerador. Sírvete".

Las palabras apenas habían salido de mi boca cuando la vergüenza me embargó. Cómo era posible que le hablara a Marta de esa manera. Sé que Dios me había recordado que fuera yo misma, pero esto estaba yendo muy lejos. Me mordí el labio con frustración.

La bendición

Esa noche, mientras nos preparábamos para ir a la iglesia, Marta me dio un abrazo especial. Entonces, con la mano en la perilla de la puerta, repentinamente se volvió hacia mí. Tenía lágrimas en los ojos mientras decía: "Gracias por hacernos sentir tan en nuestra casa aquí. Durante dos años, no habíamos sentido ser parte de una familia hasta ahora".

Hizo una pausa, y compartió su gran dolor. "Tuvimos que dejar a nuestros familiares, nuestros padres y hermanos. Gracias por permitirnos ser parte de *tu* familia. Gracias por permitir que me sirviera mi propio vaso de agua."

Para entonces, yo también estaba llorando, pero de gozo. Casi había dejado que mis inseguridades me robaran una bendición increíble.

Y muévete por fe

Con la ayuda del Señor —y mientras le pedimos que saque algo bueno de nuestro dolor— podemos hacer algo más que sobrevivir a nuestra situación; podemos ser realmente victoriosas sobre ella.

Pero no debemos volvernos arrogantes por nuestra habilidad para enfrentar los retos que tenemos enfrente, como aprendí mientras vivíamos en Michigan.

John y Elizabeth Sherrill me habían invitado a Chappaqua, Nueva York, para que hablara sobre un proyecto de escritura. Estaba feliz y nerviosa como una gatita.

Para mí en ese entonces Nueva York estaba al final del mundo. ¿Cómo podría volar hasta el aeropuerto de La Guardia, alquilar un auto y manejar durante una hora hacia el norte en esas avenidas misteriosas del este? Pero John me envió un mapa como si estuviera seguro de mi capacidad para manejar tamaño reto.

El avión aterrizó sin riesgo, y recogí el auto rentado. Estudié el mapa que, si lo seguía correctamente, me guiaría a través del área de La Guardia hasta que pudiera tomar la ruta hacia el norte.

Ora mucho

Y oré constantemente: "Bueno, Señor, tú sabes que tengo el peor sentido de dirección del mundo. Pero confío en Ti para guiarme y llevarme hasta allá segura y traerme de regreso al aeropuerto a tiempo".

Con un suspiro gigante, puse el auto en marcha e inicié mi salida por la puerta principal. En cada luz de tráfico, reexaminaba el mapa.

¿En qué dirección, Señor?, oraba.

Increíblemente, en cada viraje sabía precisamente en qué dirección continuar. En un punto dado, el letrero de la calle se había caído. Viraba la cabeza para tratar de descifrar la manera en que debió estar señalando, pero fue como si Él estuviera sentado junto a mi codo, diciendo: "Vira a la izquierda en la siguiente señal de parar."

Fue un día increíble. No sólo lo pasé con los Sherrill, sino que también manejé a través de la ciudad de Nueva York dos milagros para una chica campesina de Harlan County, Kentucky.

Deja que Él tome el control de aquí en adelante

Mi avión de regreso aterrizó en el aeropuerto Metro de Detroit justo a tiempo. Estaba a 20 minutos de casa y manejaría por una ruta donde he manejado decenas de veces. Después que localicé mi vehículo en el estacionamiento, no lo dije, pero mi actitud era: "Gracias, Dios. ¡Ahora yo sigo de aquí en adelante!".

Una hora más tarde, con mi frustración creciendo a cada minuto, seguía tratando de salir de la calle Ecorse Road. Recién cuando oré de nuevo para pedirle al Señor ayuda, pude finalmente llegar a la I-94 y dirigirme hacia la casa.

Desde entonces me encuentro orando con frecuencia: "No me dejes tomar el control de aquí en adelante. Sea hecha *tu* voluntad solamente".

Aprendí esa noche que no siempre puedo manejar incluso las cosas más conocidas, así que tengo que confiarle siempre a Él aquellas que no me son tan familiares. Pero he aprendido también que Él quiere ayudarnos a que volvamos al camino correcto si lo dejamos.

Pide, busca, llama

Como soy una hija de Dios, Él se ocupa de cada aspecto de mi vida. Me gustan esos tres verbos de Lucas 11:9 "*Pide* y se te dará; *busca* y encontrarás; *llama* y se te abrirá la puerta" (énfasis añadido).

"Pide", "busca" y "llama" son palabras de acción para nosotros. Aunque deseamos ser rescatados de los problemas, seguimos siendo responsables de los resultados. El Señor ha prometido ayudarnos, dirigirnos, pero todavía tenemos que dar ese primer paso de fe.

Él está parado a nuestro lado, esperando que le pidamos que nos ayude a manejar todas nuestras temidas responsabilidades. Y mientras lo hacemos, encontraremos que nos aguardan experiencias maravillosas —con sólo que le permitamos al Señor dárnoslas.

Gloria en las tinieblas

Llevábamos apenas unas pocas semanas en Colorado cuando llevé a Jay a la escuela secundaria a las 4:00 a.m. para tomar el bus para asistir a un evento regional. Tenía muchas cosas en mi mente, incluyendo el daño del techo de la casa por la tormenta de hielo reciente, un nuevo cortocircuito en el motor del auto, sabandijas tratando de meterse en el ático: bueno, ya tienes una idea.

Esa mañana, en lugar de regresar a la casa, manejé hacia un parque cercano conocido por sus formaciones majestuosas de rocas rojas. Necesitaba conectarme con Dios, y pensé que podía hacerlo mejor yendo a su mundo en lugar del mío.

Mientras entraba en la oscuridad del parque, salí de la carretera angosta y salí del auto para estudiar los cielos, esperando que la belleza del cielo estrellado me ofreciera algún aliento. Repentinamente, un meteoro verde brillante cruzó a lo largo el cielo. Paralizada, dije en alta voz: "¡Oh! ¡Gracias!", mientras observaba su rastro. Mientras el color brillante se opacaba en el horizonte, mis problemas no parecían tan pesados como antes. Oh, estaban lejos de estar resueltos, y todavía tenía que trabajar con los problemas nuevos que vendrían encima de los que ya tenía, pero sabía que aquella escena permanecería conmigo en los días por venir.

También sabía que nunca hubiera visto la gloria del Creador excepto por la oscuridad. Y así es con los retos que enfrentamos como madres solas. Tenemos la oportunidad de estar más sintonizadas con su ayuda y su misma presencia debido a nuestra situación. Con frecuencia, todo lo que tenemos que hacer es mirar hacia *arriba*. Recuerda, el Daniel del Antiguo Testamento no fue librado *del* foso de los leones, fue librado *dentro* de él.

TRES ANTE EL ALTAR

Comencé este libro con la seguridad de que mis dos hijos se convirtieron en adultos maravillosos a pesar de haber crecido en un hogar con una madre sola. Pero aún después de haber sobrevivido mudanzas por toda la nación, crisis financieras, y varios retos de la vida, todavía tenemos una sorpresa o dos esperando, especialmente cuando Holly se comprometió para casarse.

Mientras ella y yo estábamos haciendo sus planes de boda, me percaté de que se iba poniendo melancólica. Entonces, una noche, se lamentó de que su papá no estuviera para llevarla hacia el altar. Ambas lloramos un poquito, pero se limpió las lágrimas y decidió pedirle a Jay que la escoltara. Comencé a orar allí mismo que su tendencia usual de alejarse del centro de atención no lo inhibiera para acceder a los deseos de Holly.

La siguiente noche, los tres nos reunimos en la sala, y Holly hizo su petición. En anticipación a este momento, Jay había preparado una pequeña oratoria. Sólo llegó hasta la parte de "Holly, ésa es la función de papá…", antes que ella —en un estilo familiar típico de los Aldrich— lo detuviera interrumpiendo la oración.

"¡Pero papá está muerto!", gimió.

"Créeme, Holly, lo sé", asintió. "Lo que iba a decir es que ese es el rol de papá, pero *mamá* ha sido la que ha mantenido esta familia unida. *Ella* te debe acompañar al altar."

Ahora era mi turno de gemir. "Pero Jay, yo quiero ser la madre de la novia", protesté, ignorando el elogio tan enorme que él me había dado. "Quiero pararme y volverme para ver a Holly caminar hacia el altar."

Pobre Jay. Ahora tenía que calmar a dos mujeres que lloraban. Mientras nos daba una palmadita a una de nosotras, tenía a la otra sobre su hombro, y Holly y yo nos sonábamos la nariz. Entonces todos nos calmamos para buscar las soluciones posibles. Luego de comenzar con mi usual oración de "Señor, por favor, ayúdanos", finalmente decidimos que etiquetaríamos el evento como "un equipo": Jay escoltaría a Holly por el pasillo hasta mi banca; entonces yo saldría hacia el pasillo y haría la declaración en respuesta a la pregunta del pastor "¿Quién escolta a esta mujer hacia este hombre?" (Note que en *esta* familia no entregamos mujeres).

No, esa solución no era nuestra primera elección —que hubiera sido incluir a su padre— pero después de todo fue una muy buena. De hecho, de la manera en que sucedió, con los tres parados juntos ante el altar, proveyó un símbolo emocional visible de la clase de equipo que hemos sido. Y todo porque habíamos invitado al Señor en el problema, analizamos nuestras alternativas y nos adaptamos a la solución. No es una mala estrategia para manejar cualquier situación de madre sola.

Ahora bien, comprendo que muchas de ustedes desearían aplicar esta solución al futuro matrimonio de su hija. Pero en cambio, enfrentarás los retos de la presencia de la nueva esposa y familia de tu ex esposo. Pero sé que puedes manejar la situación con gracia y quizás con buen humor. Después de todo, he visto a varias de mis amigas hacer exactamente eso. Por la paz de la familia —y para una sonrisa sincera para el álbum de fotos de la boda— ponen a un lado los recuerdos dolorosos y echan los comentarios detrás de sus espaldas. ¿Y sabes qué? Me dicen que duermen måejor después de la ceremonia, debido a su decisión de disfrutar el día. Bueno por ellas.

Así que enfrenta los retos con tu cabeza en alto, querida madre sola. Tienes una gran fortaleza —y un futuro brillante.

Repasemos con sensibilidad

→ Cuando la vida te tire limones, haz limonada.

→ Conoce lo que realmente quieres de la vida, porque ninguno de nosotros obtiene todo lo que quiere. Por esto la vida está llena de intercambios.

→ Cuando te enfrentes con una decisión importante, recuerda el proceso de los tres pasos bíblicos: ora, lee la Palabra, busca el consejo divino.

→ Cuando estás peleando contra el temor, pregúntate a ti misma: *Dentro de un año, ¿qué desearía haber hecho?*

→ Cuando tomas una decisión, tu actitud con frecuencia decide el resultado final. Así que mantén una actitud positiva hacia la vida.

→ Pon tus temores a un lado y, con audacia y valor, estate lista para asumir algunos riesgos.

→ Lo que sucede no es tan importante como la manera en que reaccionas al respecto.

→ Mantén un corazón alegre y dales a otros motivos para sonreír al recordar tu espíritu gozoso.

→ No pierdas tiempo en remordimientos. En cambio, suelta el pasado, y pídele a Dios que te ayude a ver el gozo y la belleza de cada nuevo día.

→ Da gracias siempre, aunque no te sientas agradecida. El acto renueva un espíritu de agradecimiento interno.

→ No le permitas a tus inseguridades robarte las bendiciones increíbles que Dios tiene para ti.

→ Con la ayuda del Señor —y mientras le pides que saque algo bueno de tu dolor— puedes hacer mucho más que limitarte a sobrevivir a tu situación; puedes tener victoria sobre ella.

➥ Recuerda, en Cristo, eres una hija de Dios, y Él está al tanto de cada aspecto de tu vida. Él te ha prometido ayudarte, así que pide, busca y llama con fe.

➥ Como Daniel, no serás protegida *de* situaciones malas, pero a través de la gracia de Dios, serás librada *en* medio de ellas.

Notas:

1. A. Philip Parham: "Letting God: Christian Meditations for Recovering Persons" (New York: HarperCollins Publisher, 1987), reading for March 30. (Permítale a Dios: Meditaciones para personas en recuperación - lectura del 30 de marzo).

2. Elizabeth Sherrill: *Journey into Rest* (Minneapolis, MN: Bethany House, 1990, pp. 158-160.